GEORGE WASHINGTON

Back in New York City

by Felipe Galindo Feggo

The exhibition
Washington Takes Manhattan:
Felipe Galindo Feggo's New York Discoveries
and the companion book
George Washington: Back in New York City
are made possible in part with funding from
the Upper Manhattan Empowerment Zone Development Corporation
and administered by the Lower Manhattan Cultural Council.

Published by Now What Media, LLC

For more on the work of Felipe Galindo,
please visit felipegalindo.com

Edited & Designed by Martin Kozlowski
please visit martinkozlowski.com

For more on Now What Media Books,
please visit nowwhatmedia.com/nowwhatbooks.html

This book may be purchased in bulk for promotional, educational or business purposes.
Please contact editor@nowwhatmedia.com

Foreword

The patriot painter, Charles Wilson Peale, immortalized George Washington as General of the Army. Then Gilbert Stewart depicted him as President and Statesman, with one of the images ending up on the one-dollar bill. Later, Horatio Greenough sculpted him as an Olympian God. And, now Feggo captures Washington as a New York visitor attempting to comprehend this 21st-century metropolis. Once Washington was familiar with New York, especially northern Manhattan, where he encamped in the fall of 1776 atop Mt. Morris in the now Morris-Jumel Mansion. Then he later returned with much of his cabinet in tow on July 10, 1790 for a summer dinner to visit one of his favorite Revolutionary War sites. This occurred shortly before the United States government temporarily relocated to Philadelphia, while the permanent capital was under construction on the Potomac River. Washington now returns to Manhattan through the pen of Feggo, and he is a witness to the transformation of this early capital.

In the tradition of fellow *New Yorker* cartoonists Peter Arno and Charles Addams, Feggo finds humor in the life experienced by sophisticated urban dwellers inside and outside the confines of the city drawing on similar themes and concerns that transcend the decades. Much of his impressive body of work focuses on strange occurrences that unassuming characters experience as they pass through streets, parks, countryside, and exotic locales. Be it a fire escape ascending to the heavens, an office worker's cubicle turned into a snow globe, a sandwich checking into the Mayo clinic, or a Toltec god taking a break from the Metropolitan Museum of Art to sun himself in Central Park, Feggo explores incidences that open a door to an alternative universe, one where bizarre circumstances arise in a nonchalant urbane world.

In this series of works Feggo further opens that door and reintroduces George Washington to the island of Manhattan. The General wanders through the streets, often in upper Manhattan, encountering events that appear familiar, and yet are not. Washington becomes concerned that he has stumbled into the territory of the crown when he is in need of dental assistance and grows inquisitive about battles at the Apollo Theatre or Yankee Stadium. He appears interested in new hairstyles and puzzled by those proselytizing on the streets of New York. Throughout his work Feggo draws on art history references; for example, *Washington Crosses the Hudson River* evokes Emanuel Leutze's *Washington Crossing the Delaware.* And Grant Wood's *Parson Weems' Fable* serves as a point of departure for a comparison of this tale from Washington's youth with the 45th president. Feggo also provides a humanizing side to Washington as he draws him speaking with a war veteran, bonding with Lady Liberty, or pausing for a moment of reflection for the victims of foreign terrorist attacks in New York.

Through Feggo's imaginative and amusing work Washington explores the country he fathered. On occasion Washington offers opinions, but they are often tinged with a sense of awe for contemporary society. The works very much depict a proud father exploring the growth and breadth of a vast array of individuals that celebrate and preserve the country he founded.

James W. Tottis

James W. Tottis is a curator and museum advisor. He has made significant acquisitions in the field of American art, organized national and international exhibitions, and published on subjects related to American art and architecture.

Introduction

I am an immigrant artist — now an American citizen — who has spent thirty-plus years residing in different neighborhoods all over Manhattan. In 2008, my wife and I moved back to Washington Heights, where we had originally arrived in 1983. We stayed there a couple of years before moving to the bohemian East Village. Washington Heights is a very vibrant community with a diverse population that includes many recent immigrants. Residents hail from a wide range of countries and locales, including the Dominican Republic, Puerto Rico, Cuba, Eastern Europe, and, increasingly, Mexico, my native land.

When I began exploring my new environs, I came to appreciate the rich historical significance of the area, particularly as it relates to the Revolutionary War. Major battles took place nearby — like the Battle of Harlem Heights — and, for a few months in the fall of 1776, George Washington commanded our new nation's troops against the British and Hessian forces from his base at the Morris-Jumel Mansion (the oldest house in Manhattan). The building where I now live has a plaque commemorating the 3,000 men who provided Washington's line of defense in a subsequent battle.

In 2012 I was invited to participate in the exhibition *Memories: Past and Present* at the Morris-Jumel Mansion. I was inspired by the Arab Spring (in which social media instigated political change) to create an art installation that included a life-sized George Washington cutout. Placed in the actual room he used during his stay at the Mansion, he was seen using his laptop computer to follow the Revolutionary War on Facebook.

After this, I began to envision a series of humorous works on paper about what our first president and Founding Father would do if he were to visit Washington Heights today, returning to the place from where he once commanded the Continental Army during the Revolutionary War, and that now bears his name. In those works I portrayed George Washington interacting with the locals, visiting neighborhood landmarks, learning about new mores, and ultimately enjoying the amazing mix of cultures.

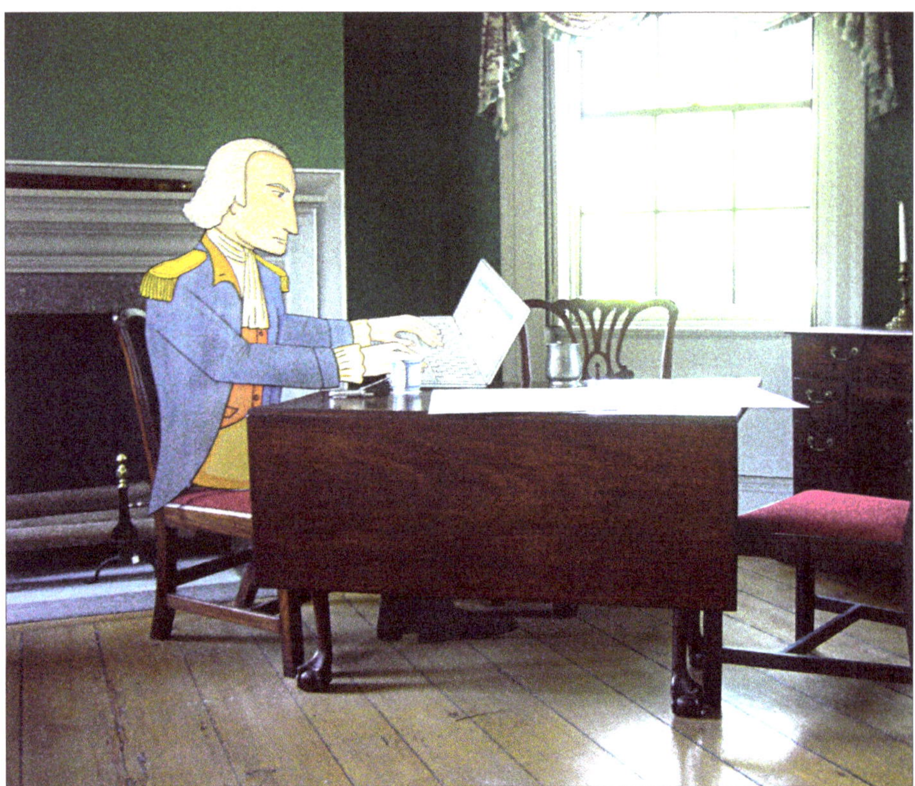

Memories: Past and Present installation.

I later decided to expand his imaginary visit to other parts of Manhattan.

The result is a series of surreal scenes in which the present and the past intertwine in surprising and hopefully amusing ways.

The invitation by the Morris-Jumel Mansion Museum in New York City to exhibit this series of artworks is a great honor, and I'm thrilled by the opportunity to share it with the local community and, with this book, everyone else.

Felipe Galindo Feggo
Washington Heights, NYC
Spring 2019

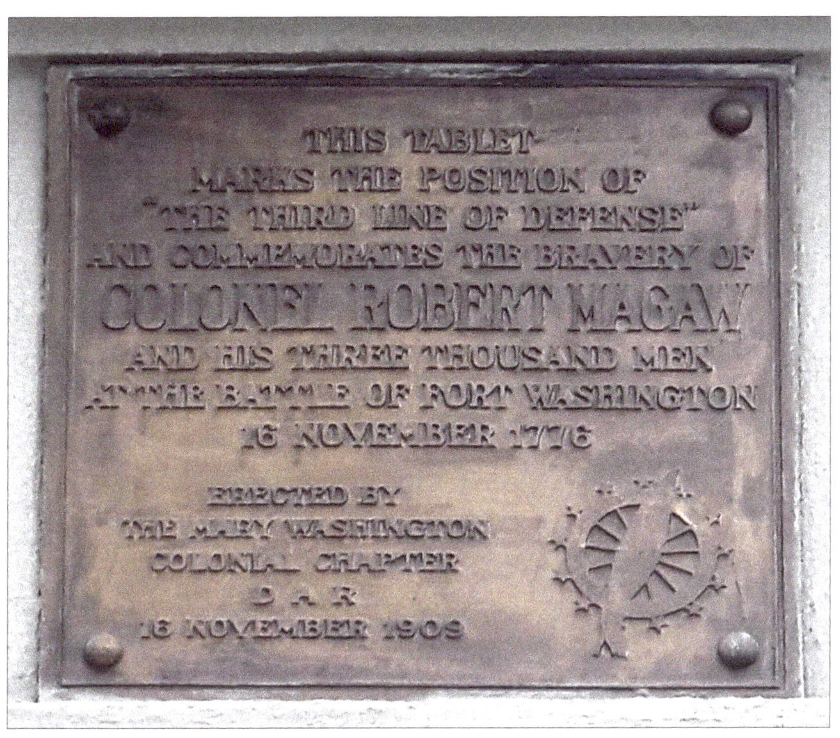

Placa en el edificio donde resido en Washington Heights, NYC.

"Esta placa marca la posición de la tercera línea de defensa y conmemora la valentía del coronel Robert Magaw y sus tres mil hombres en la batalla de Fort Washington, 16 de noviembre, 1776."

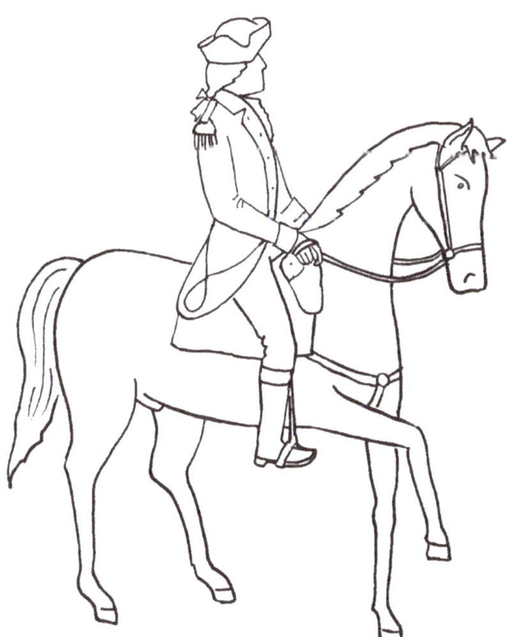

A commemorative plaque outside my building in Washington Heights, New York City.

GEORGE WASHINGTON
Back in New York City

George Washington Crossing the Hudson is a take on the famous painting in which he is depicted crossing the Delaware River. This time, he's returning to New York in style. Would George Washington be proud that the bridge that bears his name and links Fort Lee, New Jersey, to Washington Heights, New York City, carried over one hundred three million vehicles in 2016, making it the world's busiest motor vehicle bridge?

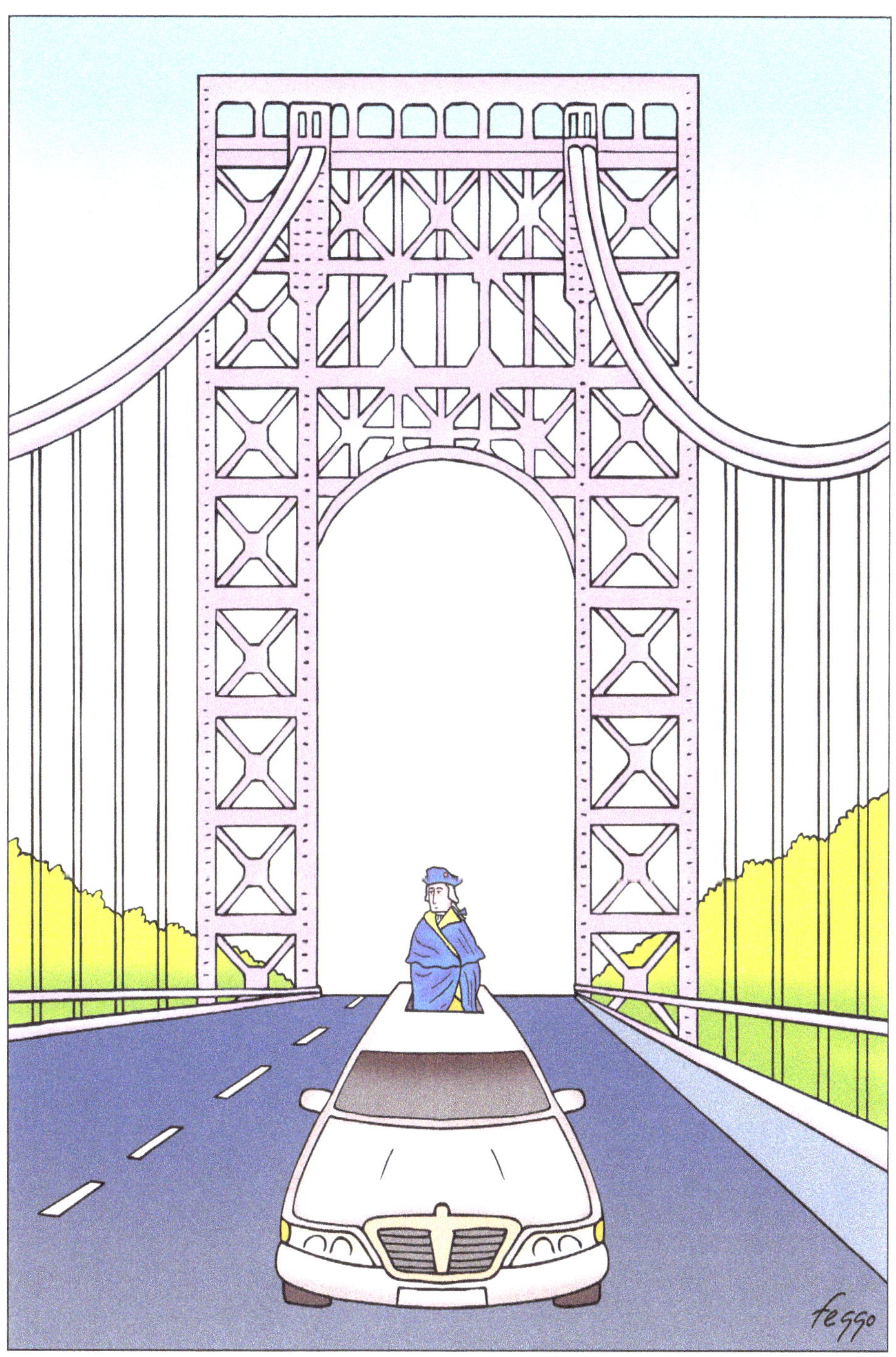
feggo

Barber Shop shows George Washington looking with curiosity at some hairstyles offered by a local barber shop. Wearing a white wig was the height of fashion in Washington's day, especially in the British Royal Court. He didn't wear one, although he sometimes whitened his hair with powder.

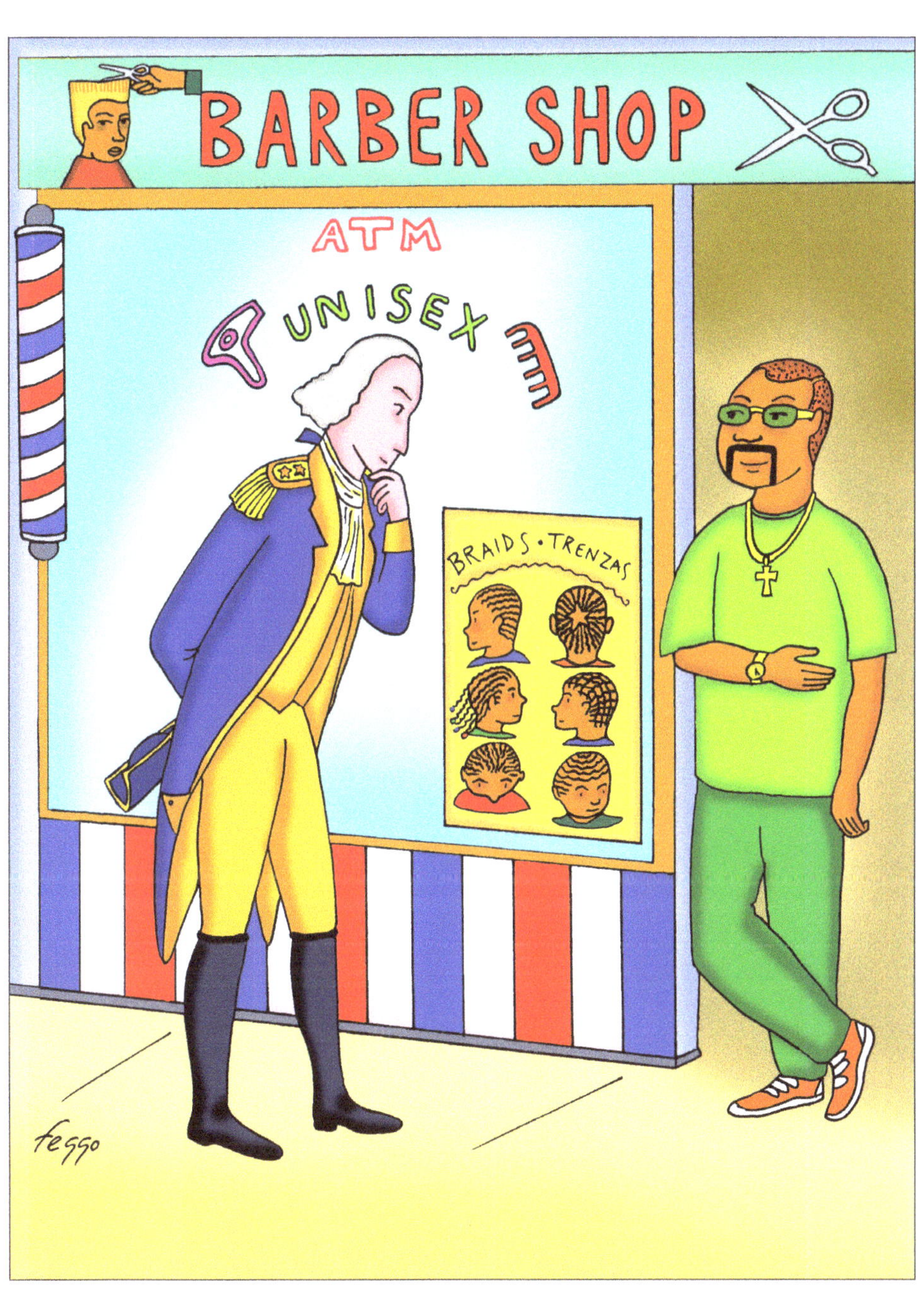
BARBER SHOP
ATM
UNISEX
BRAIDS • TRENZAS
feggo

Shortcut. George Washington had a carriage drawn by caparisoned horses. When he took command of the Continental Army, he agreed to forgo a salary and asked to just be paid his expenses, including for the carriage. His $500-a-month pay would have earned him $48,000 during his eight years of service (he thought the war would be "an exertion of a few weeks"). His expenses at the end were $447,220 or about $9 million, adjusted for inflation.

When he became president, he offered to serve under the same arrangement, but Congress insisted on paying him a $25,000 annual salary, or $600,000, adjusted for inflation. The official salary today is $400,000.

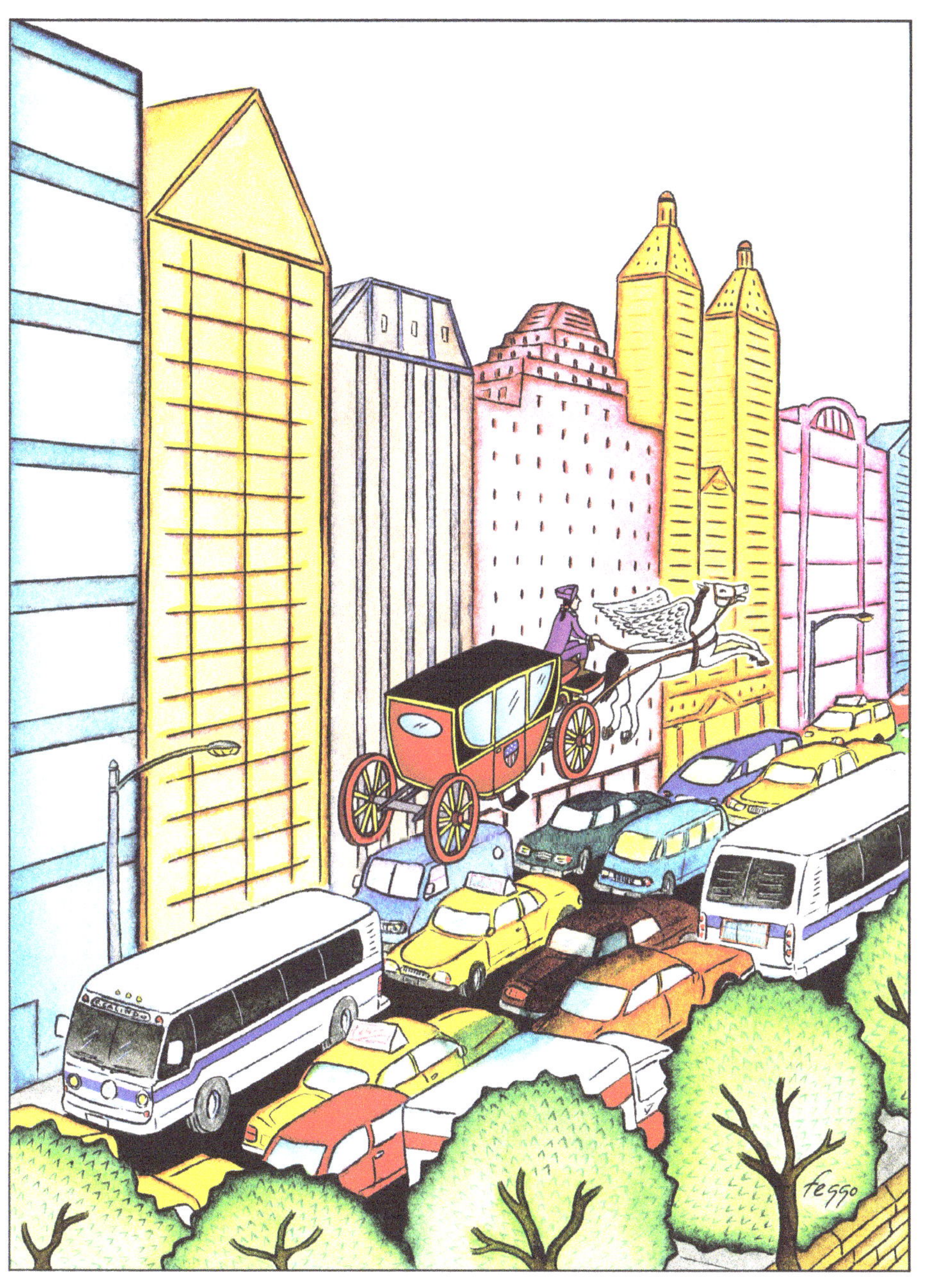
feggo

Cameo appearance at the Macy's Thanksgiving Day Parade. The famous parade in New York City first took place on Christmas of 1924 to celebrate the expansion of Macy's flagship Manhattan store (it would ultimately cover an entire block). The participants were employees of the store who were dressed as clowns, cowboys, and other fanciful characters. The parade also included animals from the Central Park Zoo. The tradition of using popular characters as giant balloons began in 1927 with Felix the Cat. At one time balloons with a return address attached were set soaring so that they could be retreived by lucky contestants for prizes.

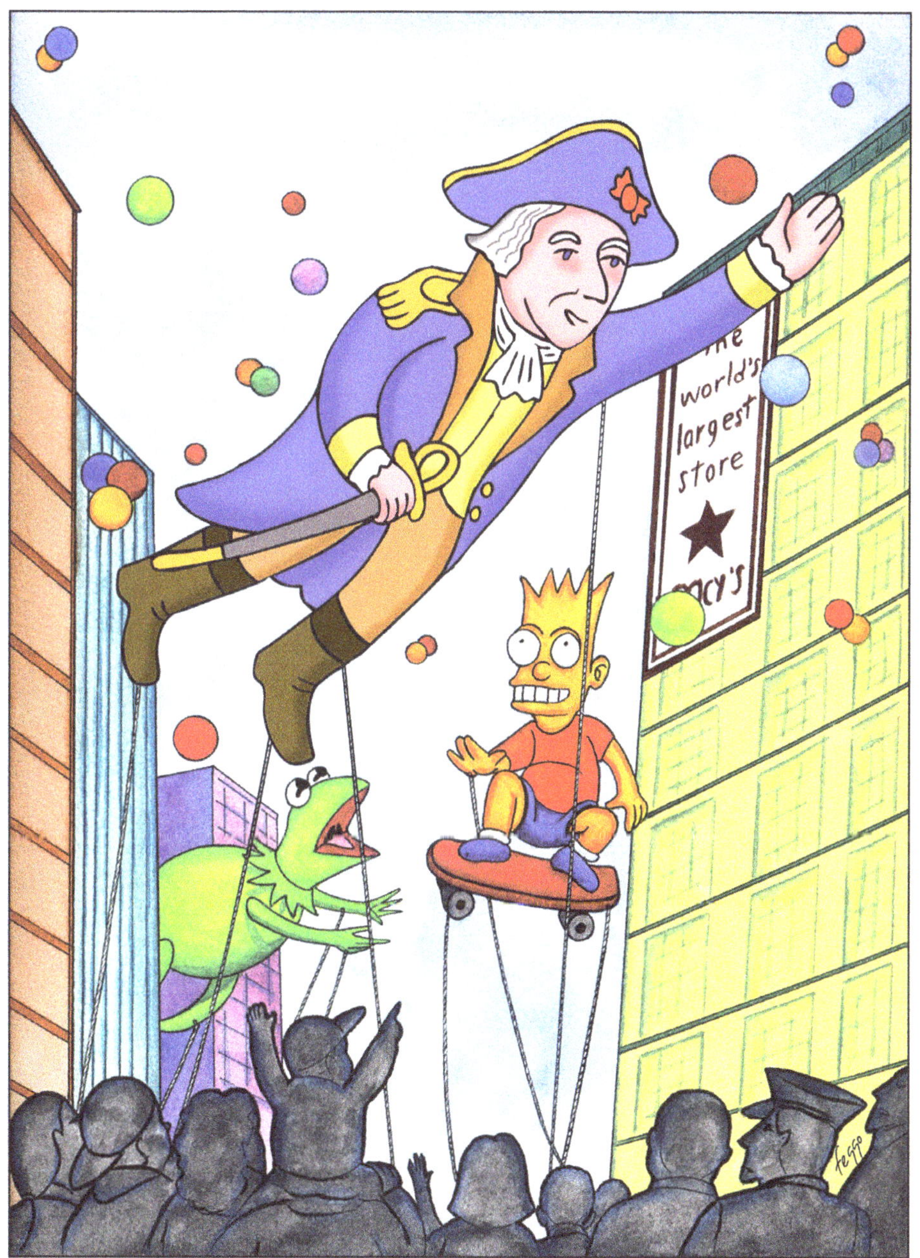
world's
largest
store

Midsummer Night Dream at Central Park presents George Washington in a surreal scene with a Greek mythological figure, not the first time he's been depicted in such a setting. The Greek-Italian artist Constantino Brumidi painted *The Apotheosis of Washington* in 1864; this fresco is in the rotunda of the U.S. Capitol Building. George is seated among the clouds in Heaven like a god, surrounded by the goddesses Victory and Liberty, plus 13 maidens (the original colonies) and other deities.

My imaginary setting is Central Park, which didn't exist in George's day. Horse-drawn carriages for tourists operate in the south part of Central Park with a total of 200 horses, 350 drivers and 698 carriage medallions registered. Working up to nine hours a day, the life span of one of these horses is 4 years, a fraction of the 14 or 15 years life expectancy of a typical New York Police Department horse.

Central Park was the first major landscaped public park in the U.S. when it opened in 1858. Located in the center of Manhattan, between 59th and 110th Streets, it comprises 843 acres of land.

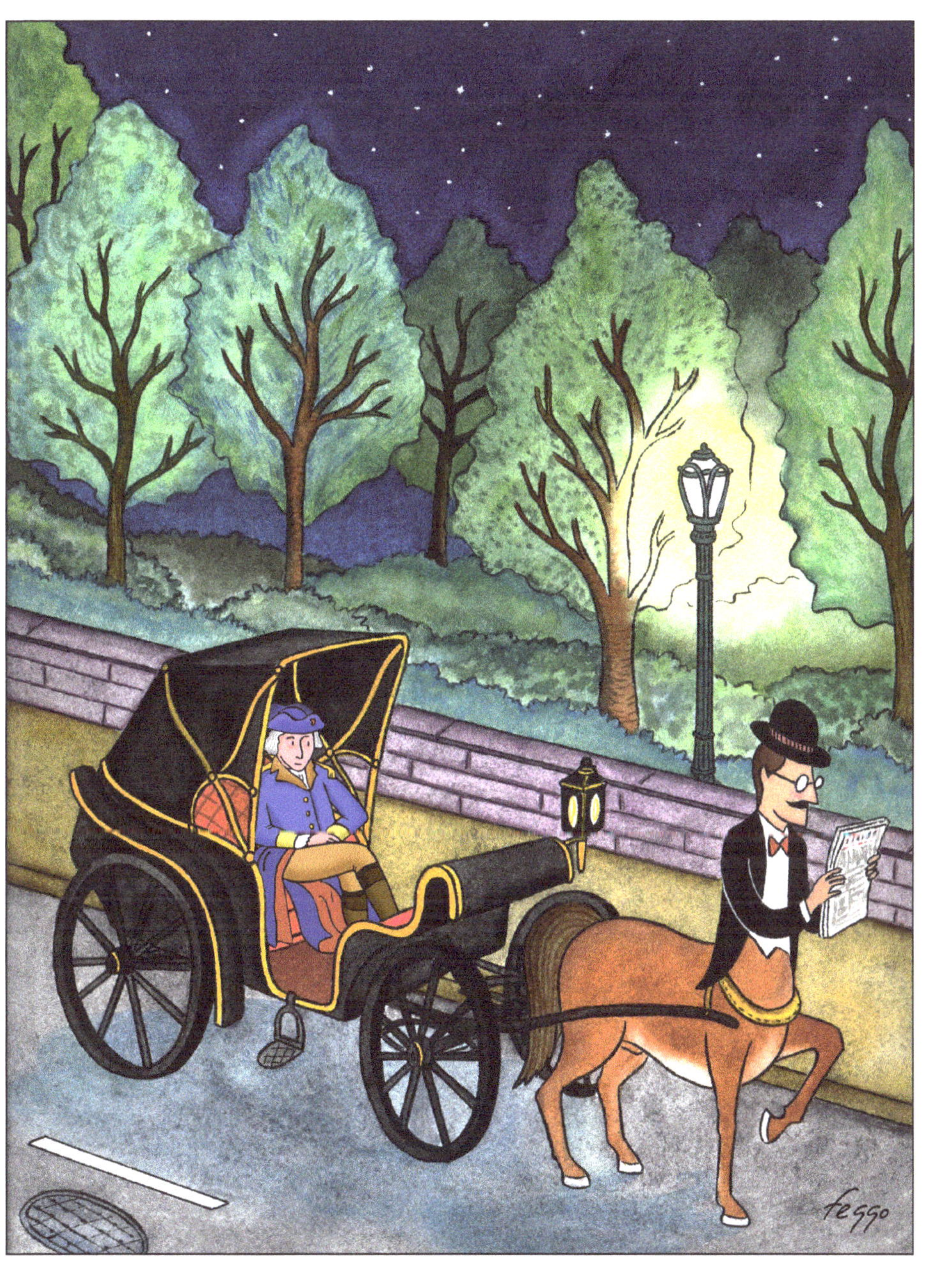
feggo

GW: Dama Libertad, es un honor conocer a otro símbolo estadounidense. ¿Fue usted un regalo de Francia?

DL: Sí, para conmemorar la Declaración de Independencia de los Estados Unidos y, supongo, porque inspiramos ideas revolucionarias entre los franceses.

GW: ¿Por qué eres verde, porque es el color del dinero? ¿Acaso la libertad tiene precio?

DL: Muchas veces el precio de la libertad es sangre, pero generalmente es la vigilancia eterna.

A Dialogue with Lady Liberty. The Statue of Liberty's original name is *Liberty Enlightening The World*. It represents the Roman goddess Libertas, and it was a welcoming sight for immigrants arriving by ship.

The copper statue was a gift from France to the people of the U.S. Designed by French sculptor artist Frédéric August's Bartholdi with a metal framework by Gustave Eiffel, it was dedicated on October 28, 1886 by President Grover Cleveland. It attracts more than 3.2 million visitors each year.

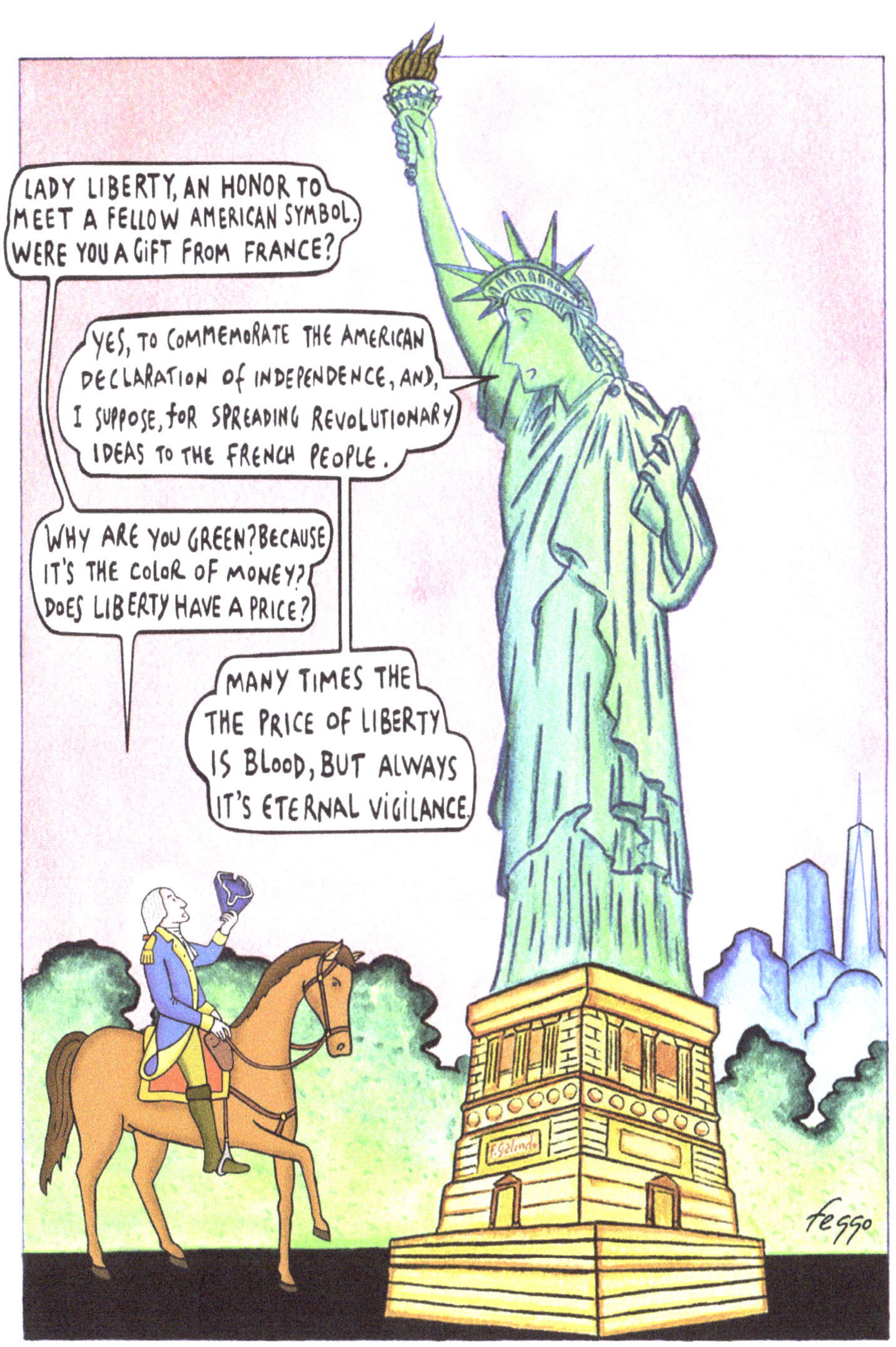
LADY LIBERTY, AN HONOR TO MEET A FELLOW AMERICAN SYMBOL. WERE YOU A GIFT FROM FRANCE?
YES, TO COMMEMORATE THE AMERICAN DECLARATION OF INDEPENDENCE, AND, I SUPPOSE, FOR SPREADING REVOLUTIONARY IDEAS TO THE FRENCH PEOPLE.
WHY ARE YOU GREEN? BECAUSE IT'S THE COLOR OF MONEY? DOES LIBERTY HAVE A PRICE?
MANY TIMES THE THE PRICE OF LIBERTY IS BLOOD, BUT ALWAYS IT'S ETERNAL VIGILANCE.
feggo

Reflection on 9/11. I portray George Washington as he had been depicted in several paintings at Valley Forge, PA. He took the Continental Army for winter encampment there in December of 1777, after losing several battles to the British forces. Morale and supplies were low, and he had to overcome many obstacles in order to return his troops to full strength. Although no evidence exists that such a prayerful moment actually took place, it did symbolize his unshakeable perseverance in the face of terrible suffering. That kind of resolve was exhibited by New Yorkers after the horrific terrorist attacks of September 11, 2001.

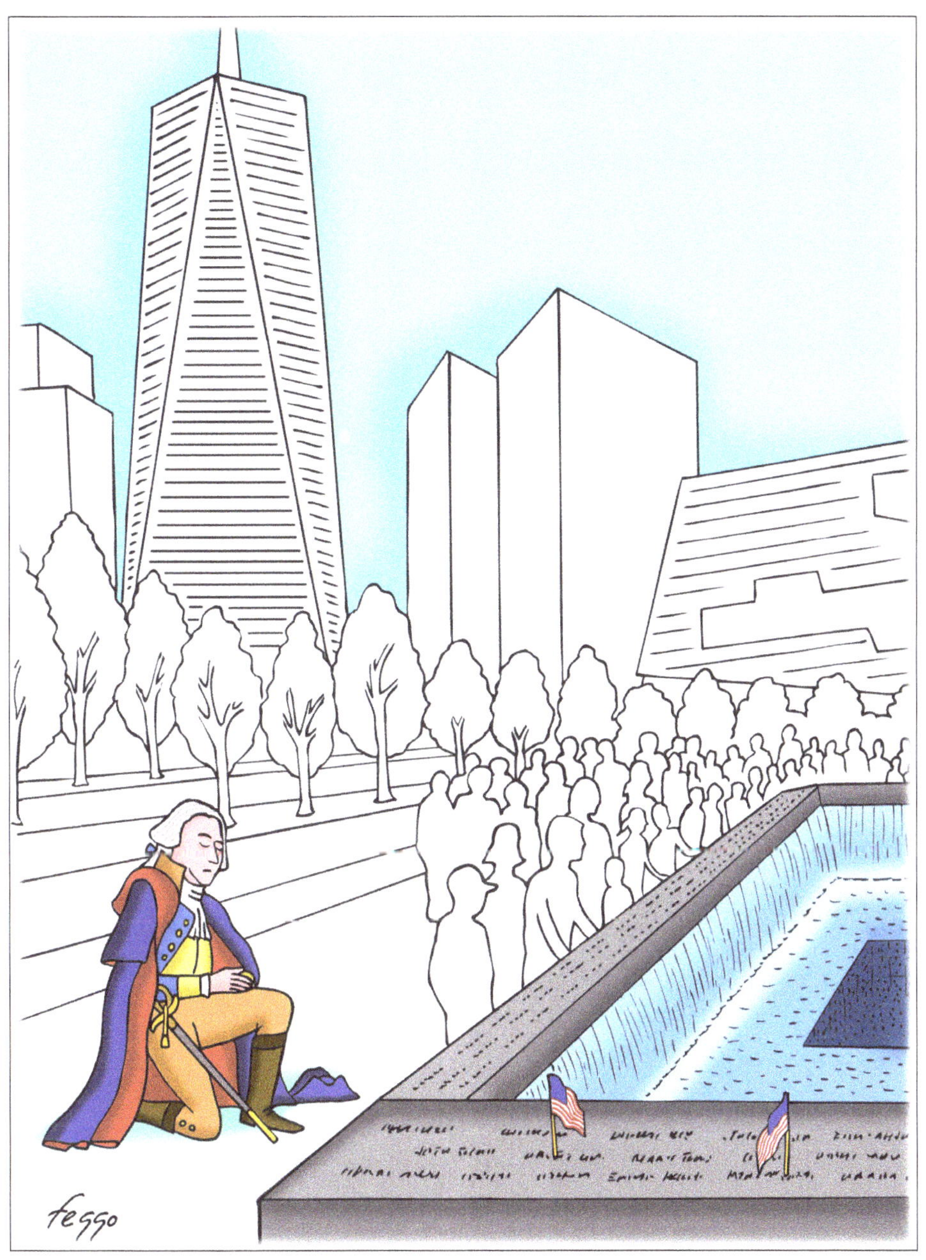
feggo

GW: Disculpe, ¿este carruaje me lleva al Fuerte George?

Pasajero: El Fuerte ya no está allí, hay un castillo medieval llamado Los Claustros.

GW: ¿Medieval? ¿Cómo llegó allí?

Pasajero: El dinero actúa de manera misteriosa.

GW: Dígame, ¿Es usted descendiente de Abraham?

Pasajero: Así es.

George Takes the A Train is a nod to Duke Ellington's song (he lived in the Washington Heights vicinity.) Washington is riding the subway to visit Fort George, now known as Fort Tryon Park, a lively area in upper Manhattan. The neighborhood is home nowadays to many artists, a Jewish community, and the famous Cloisters. This museum was constructed from parts of several medieval monasteries, which were disassembled brick-by-brick in France before being shipped to New York. They were donated to the city by John D. Rockefeller Jr. in the 1930s.

After Washington visited Touro Synagogue in Newport, R.I., the oldest in the US, he wrote "May the children of the stock of Abraham, who dwell in this land, continue to merit and enjoy the will of other inhabitants."

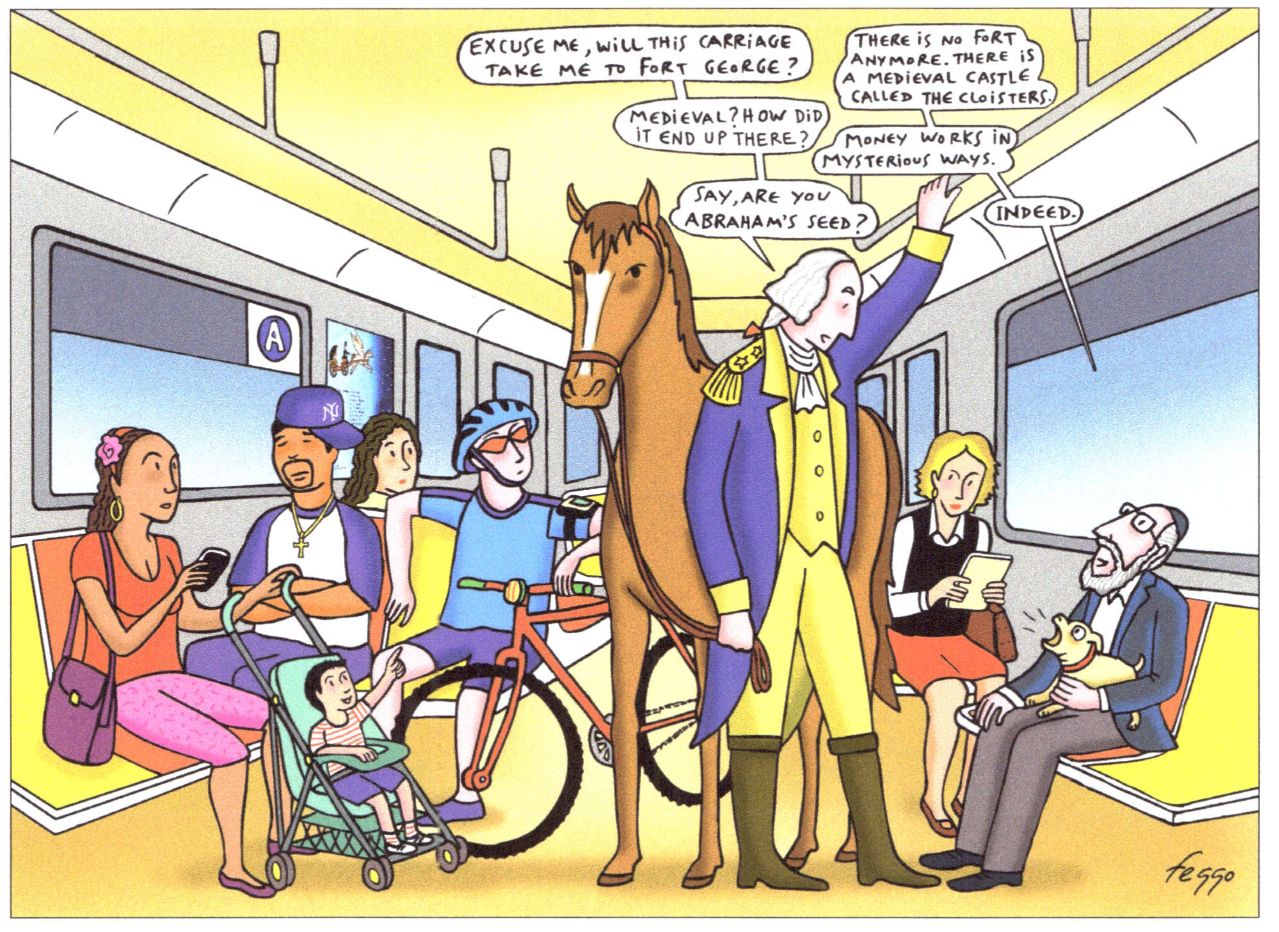
EXCUSE ME, WILL THIS CARRIAGE TAKE ME TO FORT GEORGE?
THERE IS NO FORT ANYMORE. THERE IS A MEDIEVAL CASTLE CALLED THE CLOISTERS.
MEDIEVAL? HOW DID IT END UP THERE?
MONEY WORKS IN MYSTERIOUS WAYS.
SAY, ARE YOU ABRAHAM'S SEED?
INDEED.
Feggo

Recepcionista: Ya no hacemos dentaduras de madera, y su dentista dice que necesita una corona. ¿Tiene Medicaid? ¡Hablamos Español!

GW: Espere un momento, ¿Esto sigue siendo dominio del Rey George?

Do I Need This Crown? An article in *American History* magazine states that our first President had only one tooth left in his mouth when he took office at age 57. Legend has it that Washington wore false teeth made of wood, but apparently that was not the case. His surviving denture sets include human, animal, gold, and ivory teeth. For everyday use he wore partial dentures, which were common in those days.

Washington's account books show that between 1772 and 1792 the medical bills for himself, his family, and about 200 of his slaves amounted to $100 per year. By comparison, his dental bills were $1,000 per year.

Columbia's College of Dental Medicine provides dental services to the community in northern Manhattan. Columbia University was known as King's College when it was founded in 1754 and still uses the crown of England's George II in its logo.

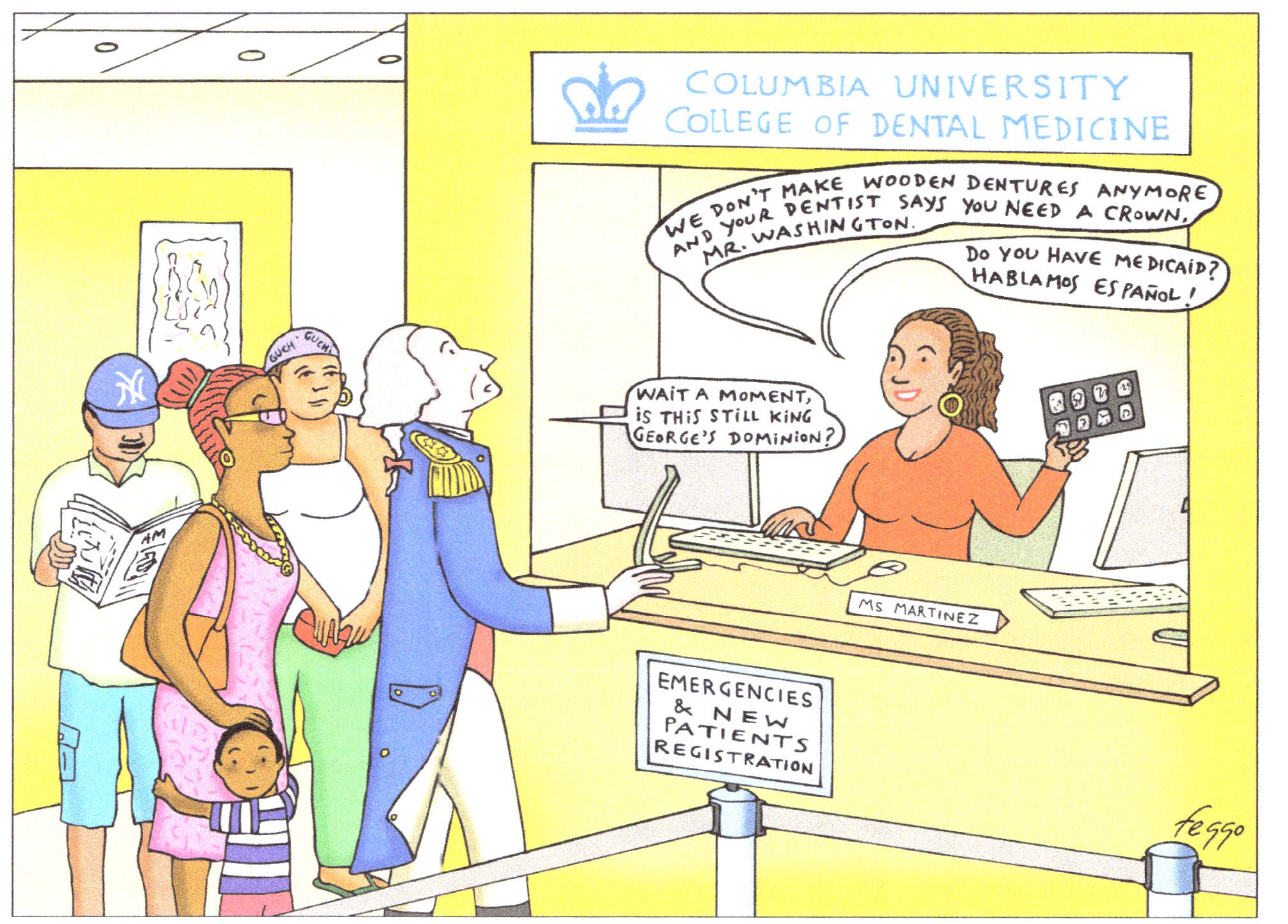
COLUMBIA UNIVERSITY
COLLEGE OF DENTAL MEDICINE
WE DON'T MAKE WOODEN DENTURES ANYMORE AND YOUR DENTIST SAYS YOU NEED A CROWN, MR. WASHINGTON.
DO YOU HAVE MEDICAID? HABLAMOS ESPAÑOL!
WAIT A MOMENT, IS THIS STILL KING GEORGE'S DOMINION?
MS. MARTINEZ
EMERGENCIES & NEW PATIENTS REGISTRATION
Feggo

GW: Un sandwich Cubano, un chimi y avena para mi caballo, por favor.

Local Fare. Before they became a popular sight all over New York City, food trucks were a regular feature of Upper Manhattan, in particular those specializing in Caribbean food. Chimi, a Dominican version of a Sloppy Joe Burger, is a favorite. In this image, as the vendor claims to be the King of his particular specialty, Washington finds himself dealing with yet another monarch.

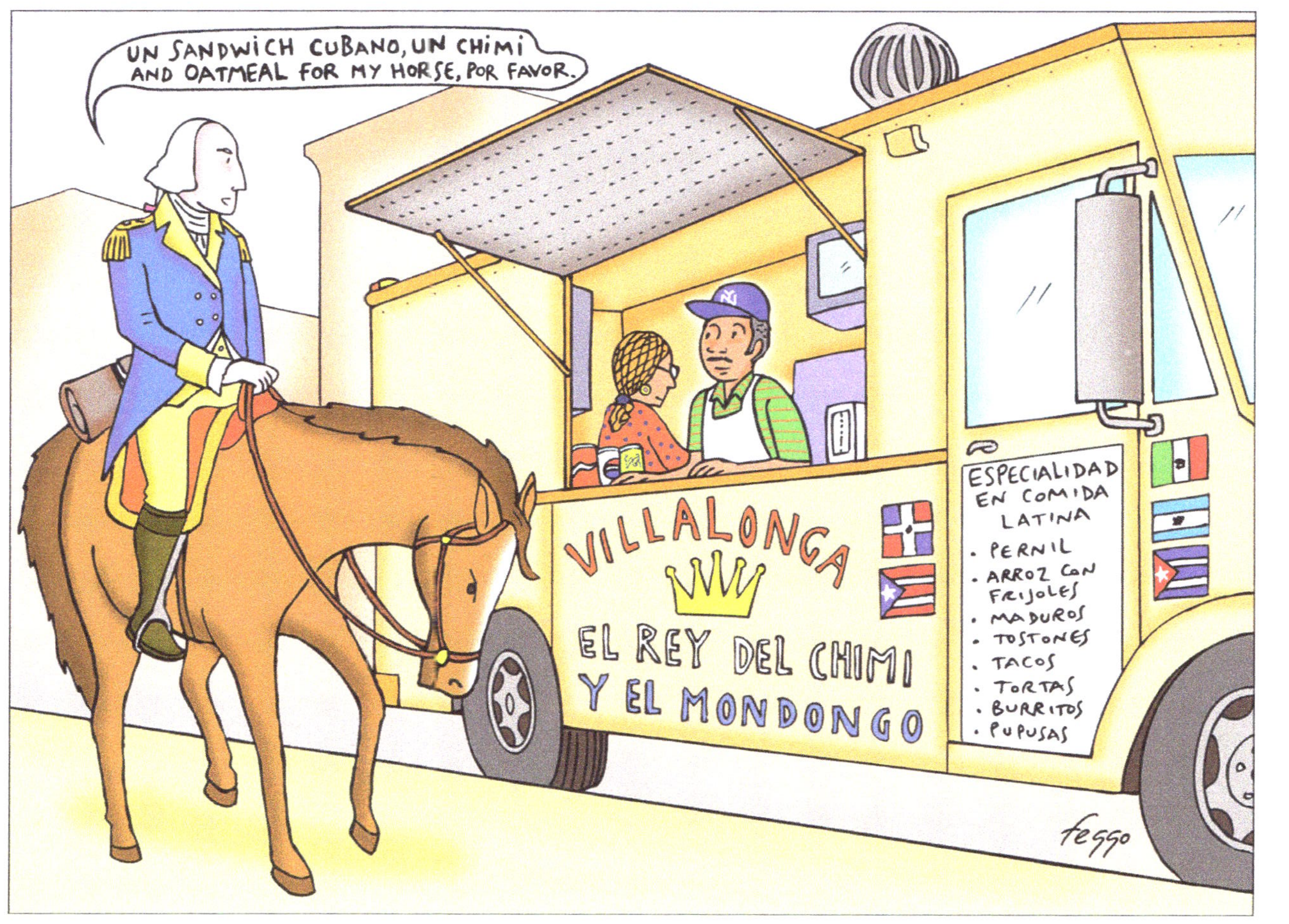
UN SANDWICH CUBANO, UN CHIMI AND OATMEAL FOR MY HORSE, POR FAVOR.
VILLALONGA
EL REY DEL CHIMI
Y EL MONDONGO
ESPECIALIDAD EN COMIDA LATINA
· PERNIL
· ARROZ CON FRIJOLES
· MADUROS
· TOSTONES
· TACOS
· TORTAS
· BURRITOS
· PUPUSAS
Feggo

Policía: No se permite ingresar con armas, señor.

GW: Pensé que era aquí donde se presenta la obra "Hamilton".

In **The Battle of Harlem Heights** George visits the famous Apollo Theater, where pitched musical battles take place between local bands. The original Battle of Harlem Heights, fought on September 16, 1776, was Washington's first major victory of the Revolutionary War.

The Apollo was built in 1913 and opened as Hurtig and Seamon's New Burlesque Theatre. It was an all-white venue for both entertainers and audiences. Its name was changed in 1928 to the 125th Apollo Theatre, and it wasn't until 1934 that it first showcased black artists. For many years it was the only New York City theater to hire black entertainers. At their famous "Amateur Night," unknown newcomers Ella Fitzgerald, Billie Holiday, Sara Vaughn, and Mariah Carey made their debuts.

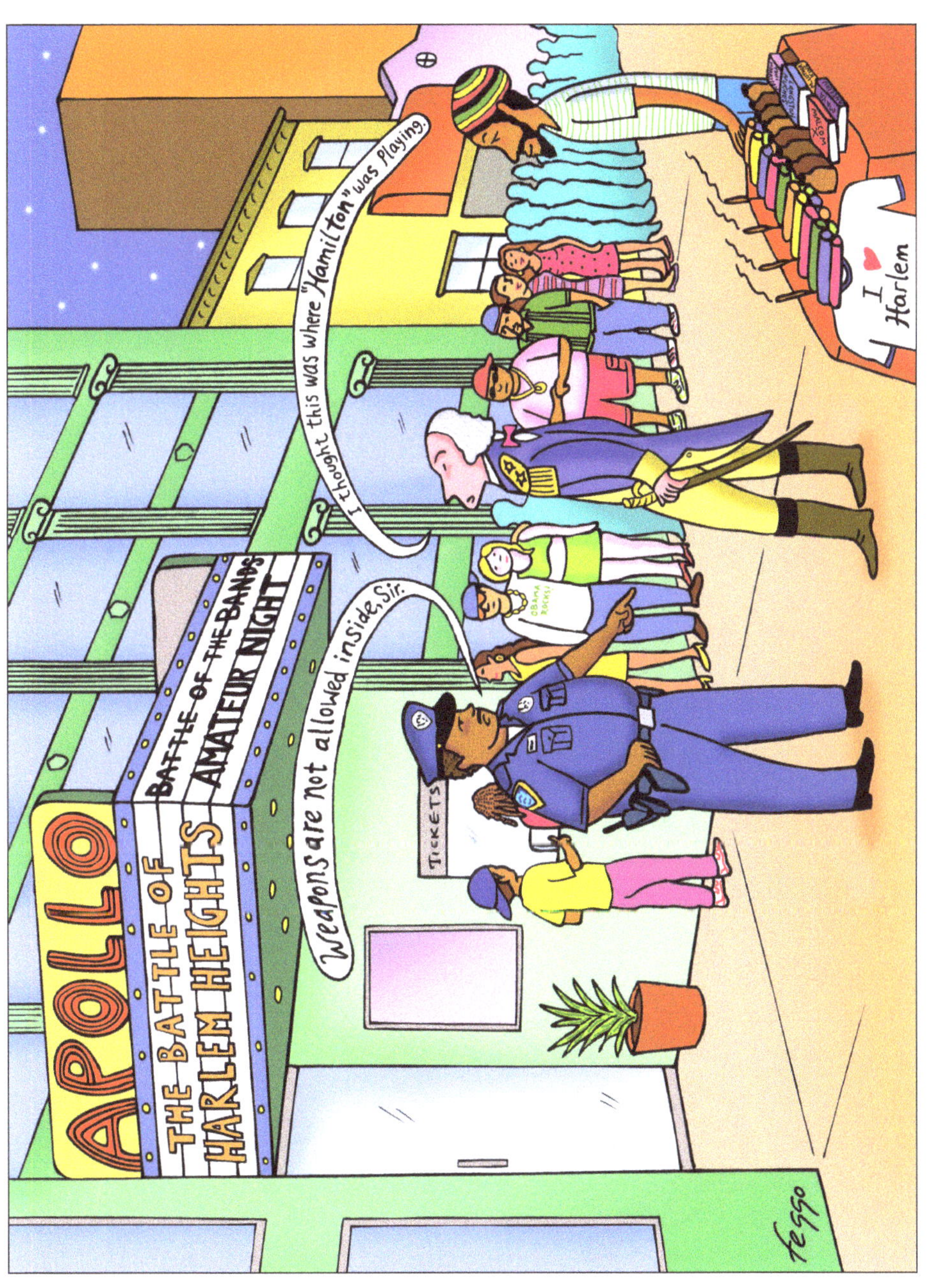
APOLLO
THE BATTLE OF
HARLEM HEIGHTS
~~BATTLE OF THE BANDS~~
AMATEUR NIGHT
Weapons are not allowed inside, Sir.
I thought this was where "Hamilton" was playing.
TICKETS
OBAMA ROCKS!
I ♥ Harlem
Feggo

GW: ¿El final se cerca? ¿Testigos de Jehová? ¿Qué es esto?

Señora: Lea sobre el tema, y venga a visitar nuestro Salón del Reino.

Mormones: ¿Ha oído hablar de El Libro del Mormón?

Señora: ¿La obra de Broadway? ¡He visto "In The Heights" y "Hamilton", ambas del fabuloso Lin-Manuel Miranda!

Freedom of Proselytism. Evangelical churches are a common sight all over upper Manhattan, from Harlem to Inwood. They compete now with organized religious institutions like the Catholic, Lutheran, Presbyterian, and Anglican churches, which are still active but have diminishing congregations. I have counted as many as four churches or temples on the same block. Mormon missionaries also walk the streets alongside their rival recruiters, the Jehovah's Witnesses.

The Founding Fathers practiced a variety of Christian faiths. They even disagreed on the Constitution's First Amendement, which stipulates that there be no official state religion in America, as there were in European countries. Many who migrated to the New World were drawn by the freedom to express their beliefs as they saw fit.

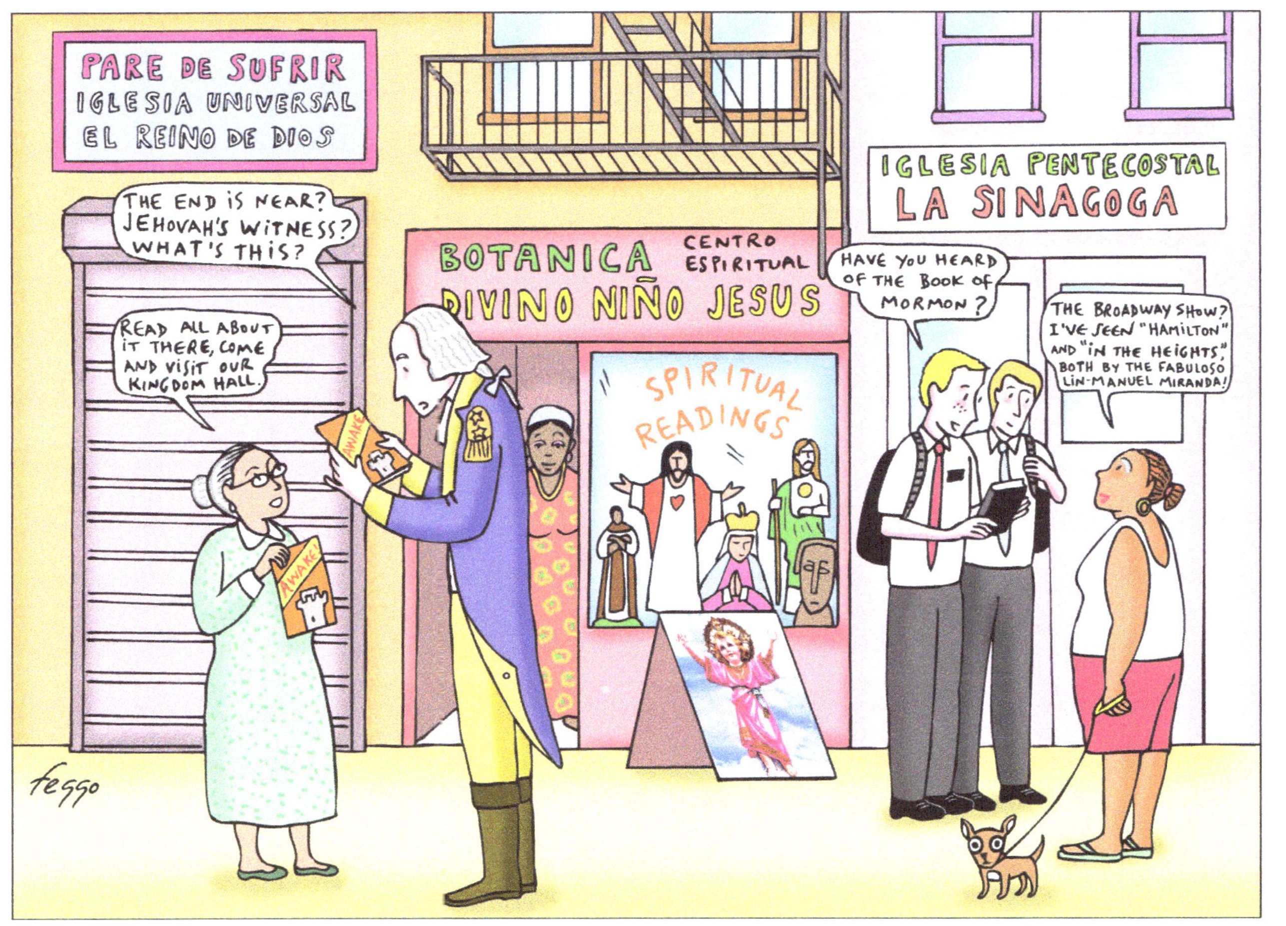
PARE DE SUFRIR
IGLESIA UNIVERSAL
EL REINO DE DIOS
THE END IS NEAR? JEHOVAH'S WITNESS? WHAT'S THIS?
READ ALL ABOUT IT THERE, COME AND VISIT OUR KINGDOM HALL.
AWAKE!
AWAKE
BOTANICA
CENTRO ESPIRITUAL
DIVINO NIÑO JESUS
SPIRITUAL READINGS
IGLESIA PENTECOSTAL
LA SINAGOGA
HAVE YOU HEARD OF THE BOOK OF MORMON?
THE BROADWAY SHOW? I'VE SEEN "HAMILTON" AND "IN THE HEIGHTS," BOTH BY THE FABULOSO LIN-MANUEL MIRANDA!
feggo

GW: Hay una batalla al otro lado del río, entre las tropas Yankees y de Boston. ¡Hoy en día pelean con palos y pelotas!

Major League Battles. The Morris-Jumel Mansion, built in 1765, is the oldest house in Manhattan. Between September and October 1776, it was Washington's temporary headquarters during the Revolutionary War. It sits in an area where Major League Baseball once flourished. Hilltop Park was home to the Highlanders, predecessors of the Yankees, and stood on the current site of Columbia-Presbyterian Hospital. Between the Mansion and the Harlem River were the Polo Grounds, ballpark of the former N.Y. Giants before their move to San Francisco. The new Yankee Stadium can be seen from the mansion, just across the river.

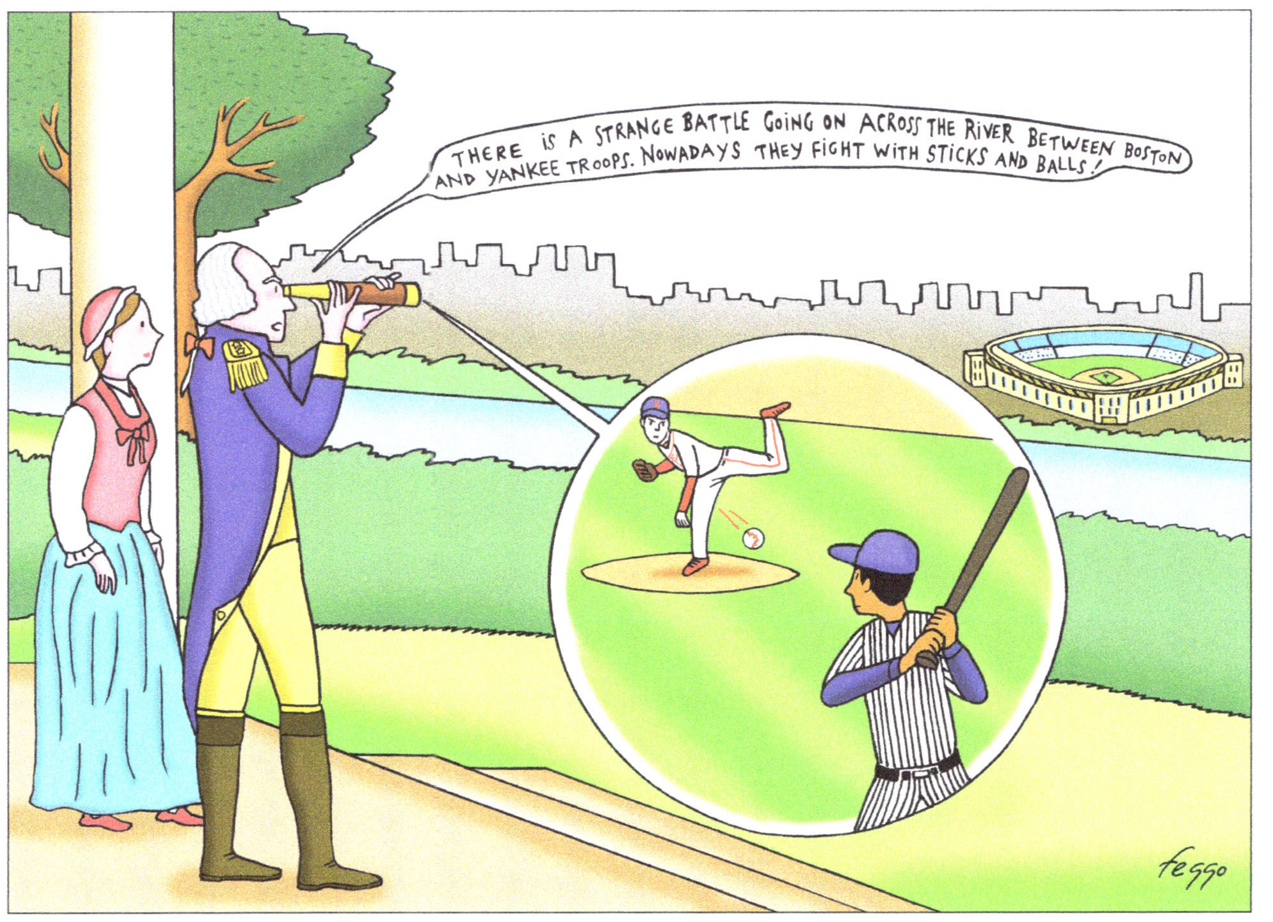
THERE IS A STRANGE BATTLE GOING ON ACROSS THE RIVER BETWEEN BOSTON AND YANKEE TROOPS. NOWADAYS THEY FIGHT WITH STICKS AND BALLS!
feggo

GW: ¿Una multa de $65 dólares por llegar un minuto tarde? ¡Esto es peor que el impuesto del té del Rey George!

Oficial de tráfico: Y también le estoy dando otras dos multas, una por falta de registro y la otra por montar a caballo sin licencia.

Fine to a Fine Horse. George Washington was frequently in the company of a horse. He had a variety of them during the Revolutionary War. Favorites included Nelson, who was a consolation gift from Brigadier General Thomas Nelson Jr., to replace one lost in the early years of the war, and Blueskin or Blewskin, who unfortunately didn't hold up well under fire. In his time, horsemanship was a form of social etiquette, like dancing, and it was an important way for a gentleman to display his social position.

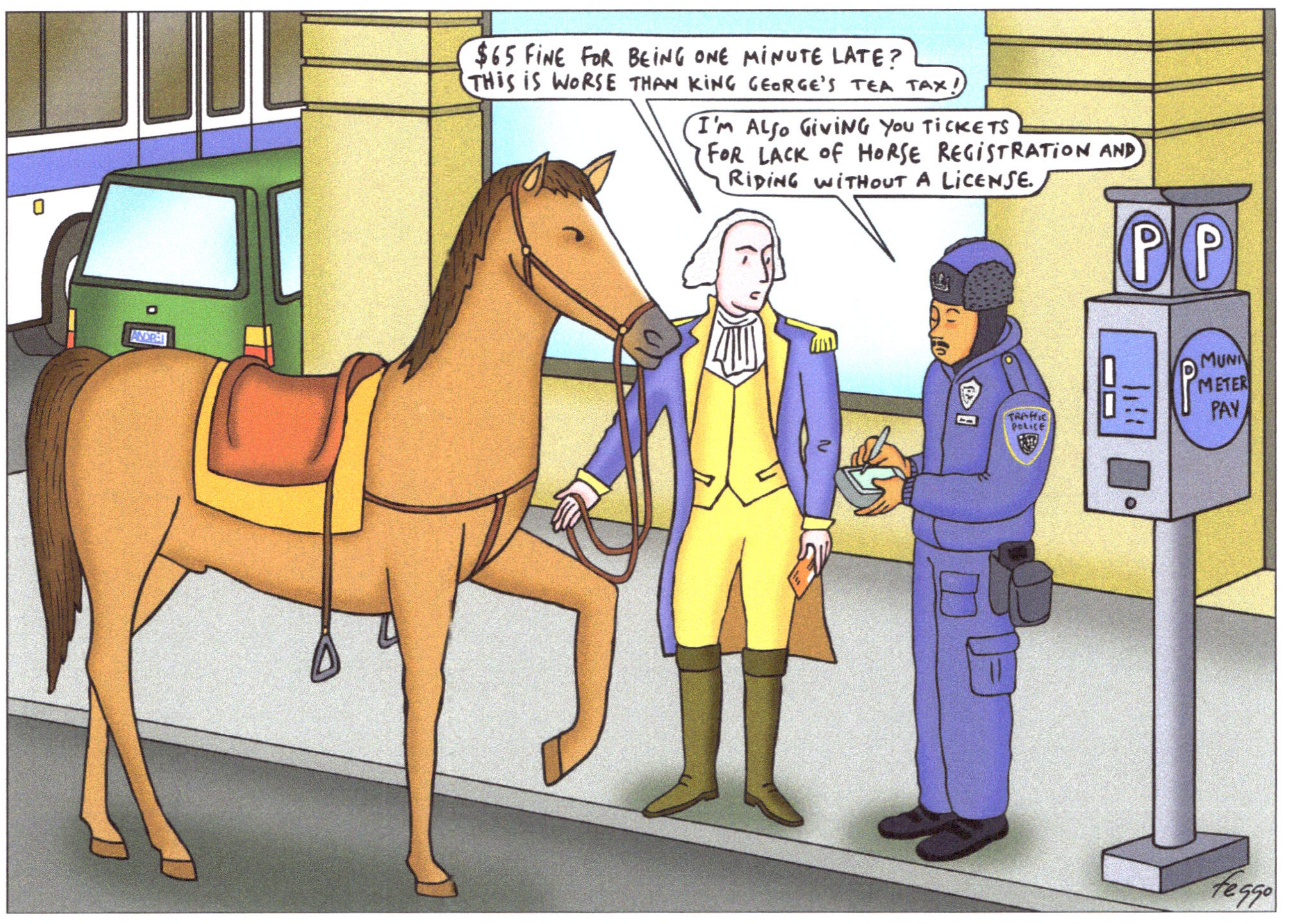
$65 FINE FOR BEING ONE MINUTE LATE? THIS IS WORSE THAN KING GEORGE'S TEA TAX!
I'M ALSO GIVING YOU TICKETS FOR LACK OF HORSE REGISTRATION AND RIDING WITHOUT A LICENSE.
TRAFFIC POLICE
MUNI METER PAY
Feggo

GW: ¿En qué guerra luchaste, hijo? ¿La guerra de Independencia o las guerras contra los indios americanos?

Veterano: En ninguna de esas, señor, luché en Afganistán y soy descendiente de valientes guerreros: mi abuelo sirvió en Corea, mi padre en Vietnam, mi tío en la Primera Guerra del Golfo y mi hermano en Irak.

GW: ¿Qué hacía Estados Unidos en esos lugares? ¿Estuvimos bajo el yugo de sus tiranos?

Veterano: Nunca, señor.

Veteran of Foreign Wars. Before the Revolutionary War, Washington had served in the French and Indian Wars and was an experienced military officer. At 43, he was appointed as Commander-in-Chief. He transformed the ragtag and poorly-trained militias into the Continental Army that went on to defeat the world's largest military machine of its time.

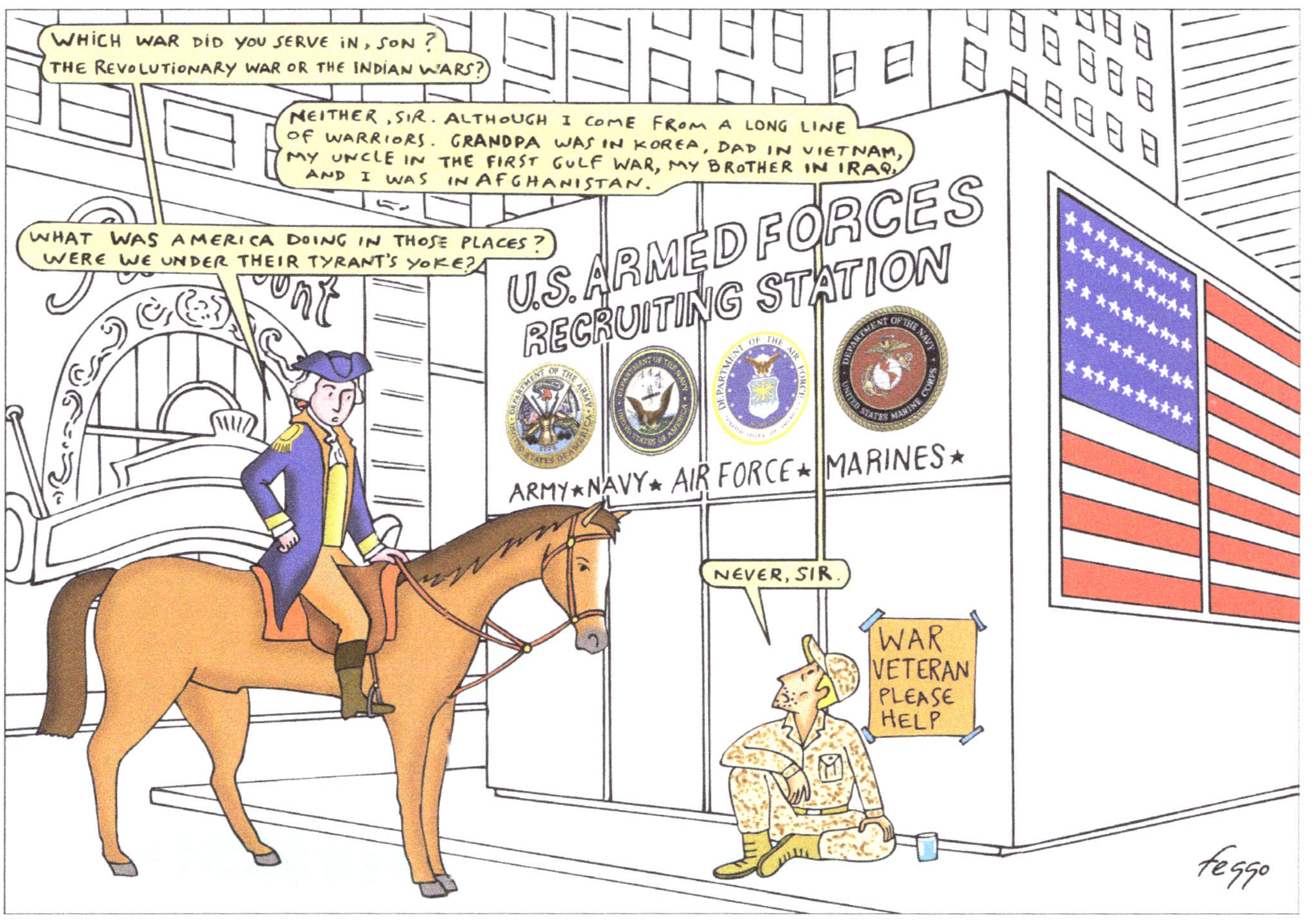

WHICH WAR DID YOU SERVE IN, SON? THE REVOLUTIONARY WAR OR THE INDIAN WARS?
NEITHER, SIR. ALTHOUGH I COME FROM A LONG LINE OF WARRIORS. GRANDPA WAS IN KOREA, DAD IN VIETNAM, MY UNCLE IN THE FIRST GULF WAR, MY BROTHER IN IRAQ, AND I WAS IN AFGHANISTAN.
WHAT WAS AMERICA DOING IN THOSE PLACES? WERE WE UNDER THEIR TYRANT'S YOKE?
NEVER, SIR.
U.S. ARMED FORCES
RECRUITING STATION
ARMY★NAVY★ AIR FORCE★ MARINES★
WAR VETERAN PLEASE HELP
fesgo

Celebrando la histórica cena del gabinete de George Washington

Historic Cabinet Dinner. In July 1790 George Washington returned to the Morris-Jumel Mansion, the place that had been his headquarters during the Revolutionary War in 1776, to hold his first cabinet dinner. Present that day were Vice President John Adams, Secretary of State Thomas Jefferson, Secretary of the Treasury Alexander Hamilton, Secretary of War Henry Knox, along with their wives, Washington's secretaries, and some family members. The dinner was prepared by Martha Washington and the cook, Mr. Mariner. This event was celebrated recently with an anniversary commemoration at the Mansion.

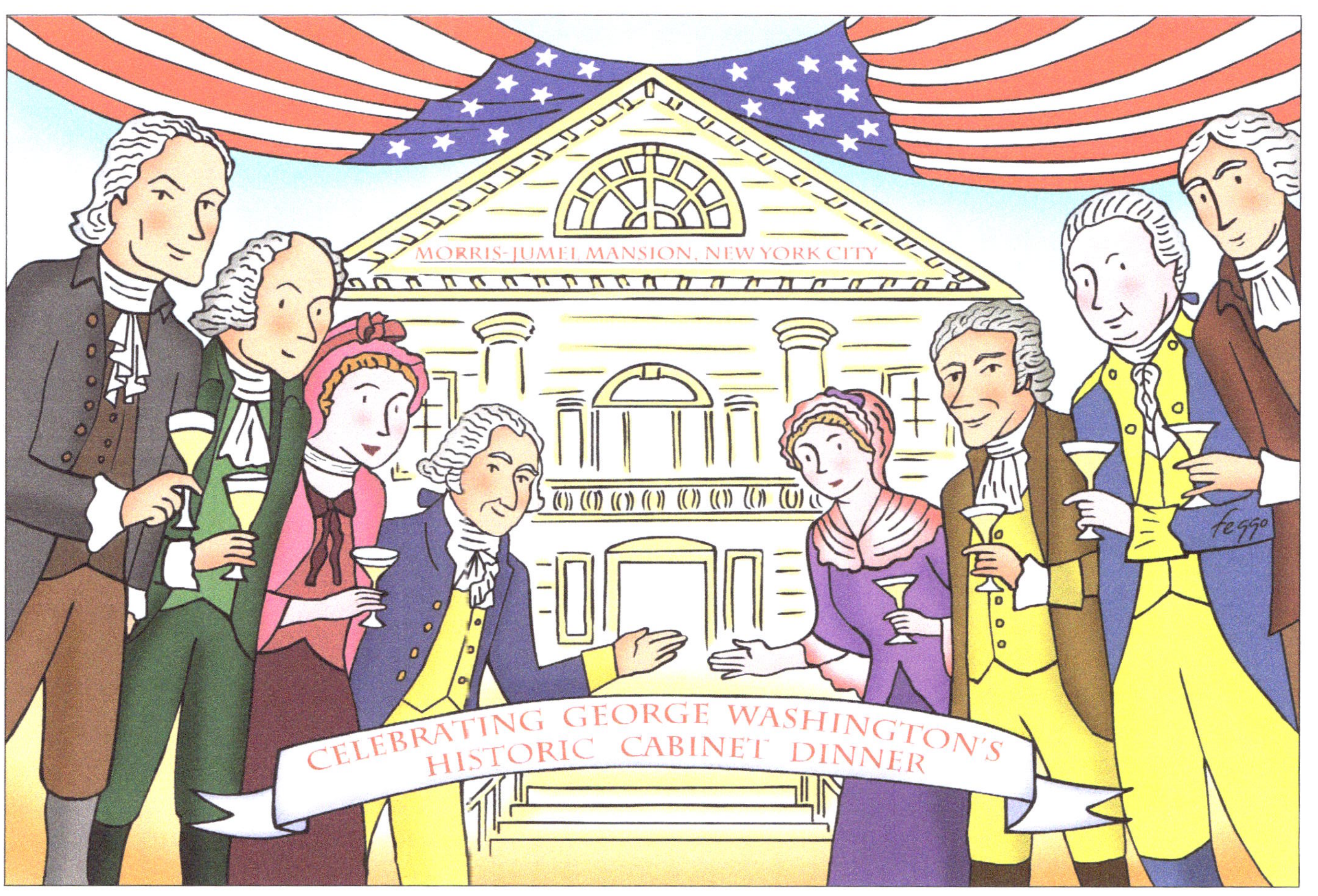
MORRIS-JUMEL MANSION, NEW YORK CITY
CELEBRATING GEORGE WASHINGTON'S
HISTORIC CABINET DINNER
Feggo

GW: Ay, querida Martha, desearía que Moisés estuviera vivo para que viera esto: ¡Aún se adora al Becerro de Oro!

Martha: Es un toro, símbolo del capitalismo agresivo. Por cierto, ¿Has visto tu retrato en el billete de un dólar? Te ves guapo.

GW: Esta zona debería llamarse La Calle del Dinero en lugar de La Calle del Muro. ¿Dónde está el muro?

Martha: Escuché que se está construyendo uno en la frontera con México.

The New Golden Calf. *The Charging Bull* sculpture is now an iconic symbol of Wall Street. It was created by artist Arturo di Modica in 1989, as an allegory of "market optimism" after the 1987 market crash, and installed without permission in front of a Christmas tree near the the New York Stock Exchange. He claimed it was a gift to the city (7,100 lbs. of bronze, made at a cost of $360,000). It was briefly impounded but later installed permanently at Bowling Green, where it is now a popular tourist attraction.

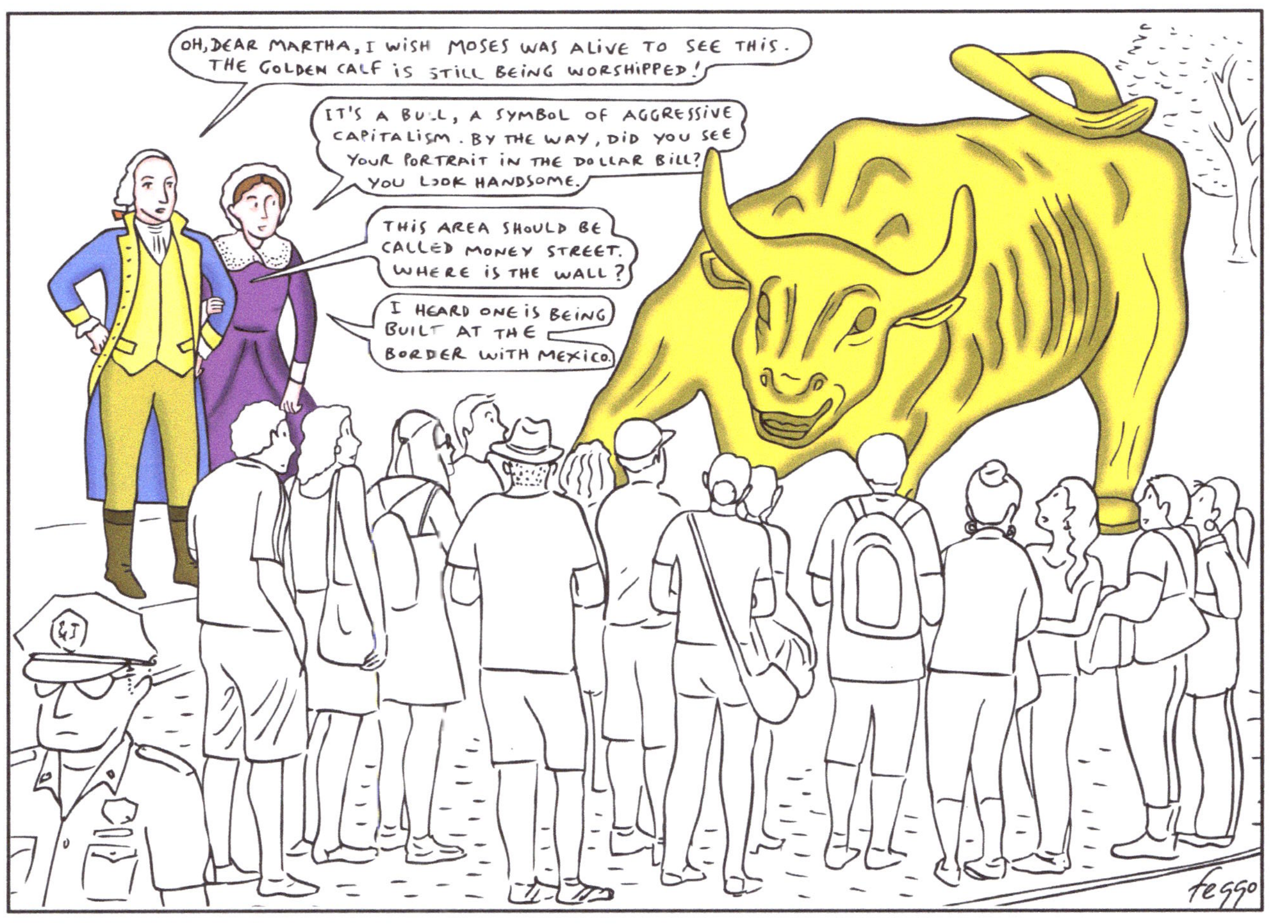
OH, DEAR MARTHA, I WISH MOSES WAS ALIVE TO SEE THIS. THE GOLDEN CALF IS STILL BEING WORSHIPPED!
IT'S A BULL, A SYMBOL OF AGGRESSIVE CAPITALISM. BY THE WAY, DID YOU SEE YOUR PORTRAIT IN THE DOLLAR BILL? YOU LOOK HANDSOME.
THIS AREA SHOULD BE CALLED MONEY STREET. WHERE IS THE WALL?
I HEARD ONE IS BEING BUILT AT THE BORDER WITH MEXICO.
feggo

GW: ¿Pagar $15 dólares por cruzar un puente que lleva mi nombre? ¡Es indignante! ¡Me dan ganas de empezar otra revolución!

Toll Takes A Toll. Tolls on bridges entering Manhattan are among the country's most expensive. The third highest cash fees are collected on six bridges and tunnels adminstered by the Port Authority of New York & New Jersey; included in this group is the George Washington Bridge.

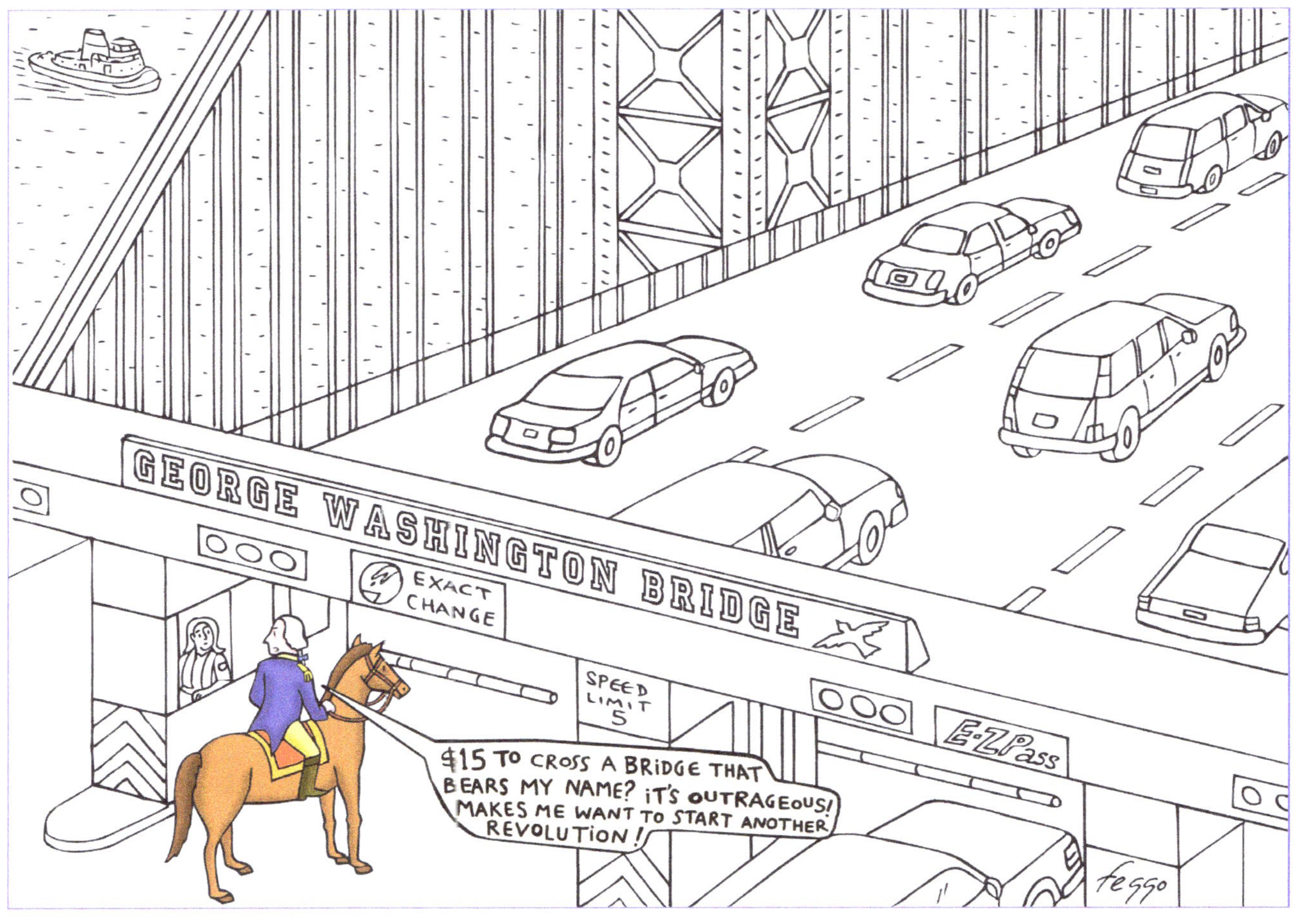
GEORGE WASHINGTON BRIDGE
EXACT CHANGE
SPEED LIMIT 5
E-ZPass
$15 TO CROSS A BRIDGE THAT BEARS MY NAME? IT'S OUTRAGEOUS! MAKES ME WANT TO START ANOTHER REVOLUTION!
feggo

GW: Me gustaría preparar una cena sorpresa para mi querida Martha. ¿Qué ingredientes necesito para preparar un mofongo?

GW: ¡Nunca imaginé que Manhattan se convertiría en una isla tropical! Debe ser el infame calentamiento global.

Shopping. Starchy root vegetables or tubers like cassava (yuca), yam, taro, yautia, mapuey, batatas, and ñame, as well as plantains, are used in popular Caribbean dishes found in some New York City neighborhoods. "The roots of dining habits are deeply entrenched in a shared heritage with our ancestors across the sea" explain the Rousseau sisters in *Provisions*. Their book explores Caribbean cooking and the underappreciated contribution of the African women who made foods of survival that are still enjoyed in contemporary dishes.

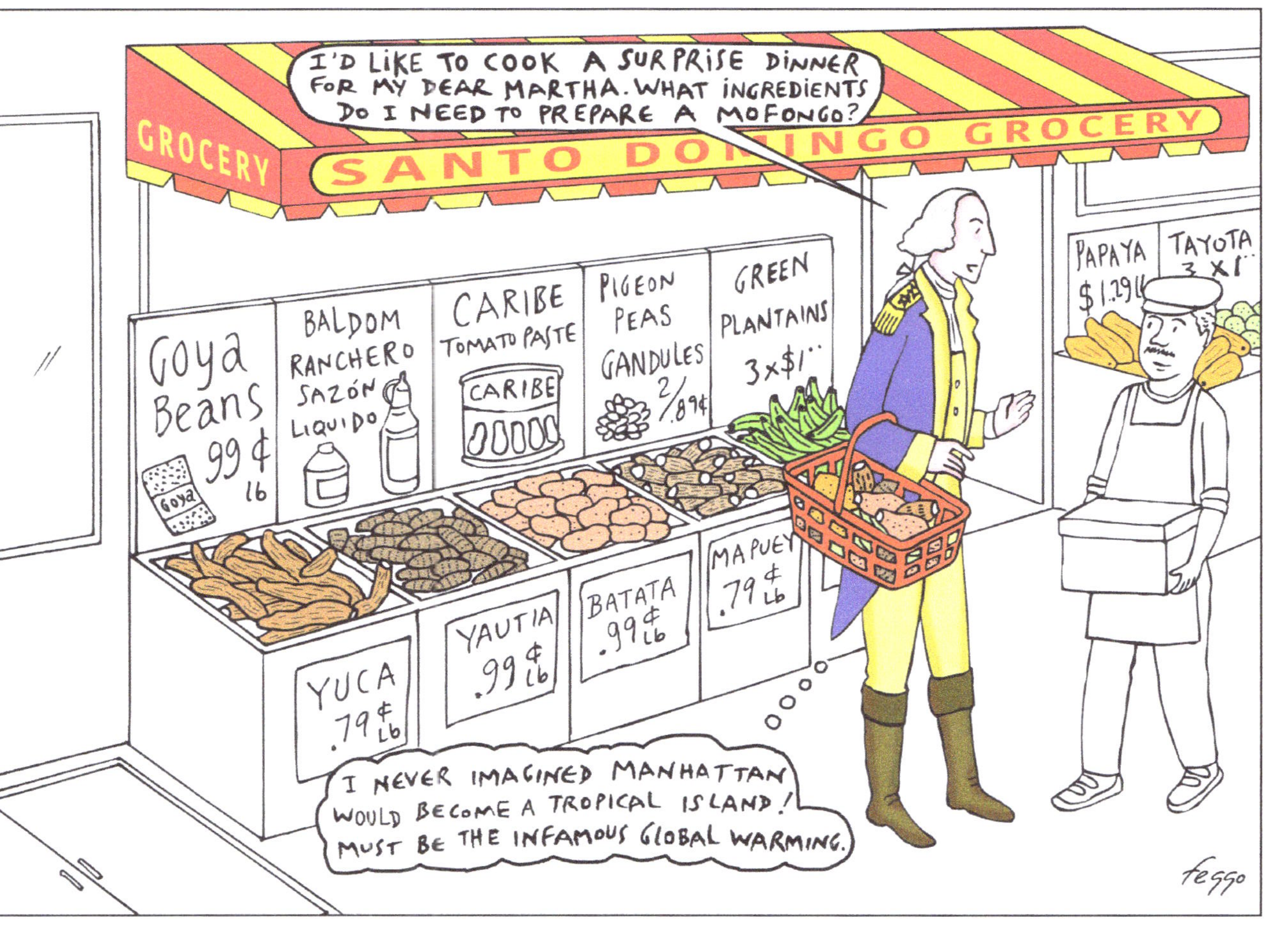

I'D LIKE TO COOK A SURPRISE DINNER FOR MY DEAR MARTHA. WHAT INGREDIENTS DO I NEED TO PREPARE A MOFONGO?
GROCERY
SANTO DOMINGO GROCERY
Goya Beans 99¢ lb
Goya
BALDOM RANCHERO SAZÓN LIQUIDO
CARIBE TOMATO PASTE
CARIBE
PIGEON PEAS GANDULES 2/.89¢
GREEN PLANTAINS 3×$1
PAPAYA $1.29lb
TAYOTA 3×$1
YUCA .79¢ Lb
YAUTIA .99¢ Lb
BATATA .99¢ Lb
MAPUEY .79¢ Lb
I NEVER IMAGINED MANHATTAN WOULD BECOME A TROPICAL ISLAND! MUST BE THE INFAMOUS GLOBAL WARMING.
feggo

Jóven GW: No sé mentir. (El Primer Presidente)

Trump: ¡No sé decir la verdad! (El 45º Presidente)

I Can't Tell a Lie. According to *The Washington Post*, as of March 17, 2019 President Trump has made 9,179 false or misleading claims. On March 2 alone he made more than a hundred of them. His inauguration marked the start of a new era of deception not seen since the Nixon administration. Commentators in *The Atlantic* suggested that such lies are not a mere character flaw, but an essential feature of maintaining an elaborate charade. Truth is not an option for Trump and his followers — its light might blind them.

On the other hand, our First President is the subject of the oft-repeated story in which he replied, when asked about chopping down his father's cherry tree, "Dad, I can't tell a lie." Such lore helped make him a role model for the citizens of the new nation, one who embodied the critical trait of honesty.

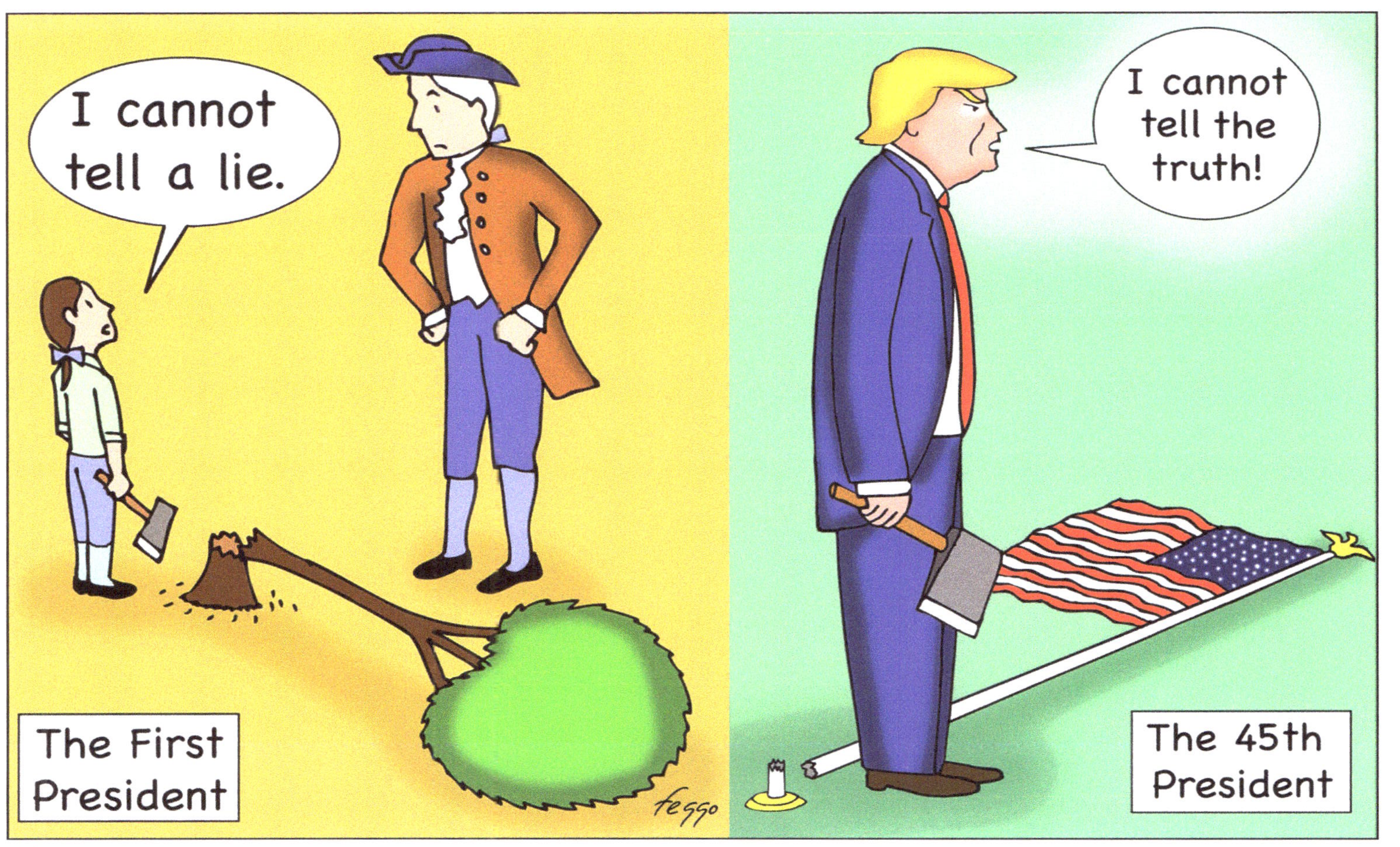

I cannot tell a lie.
The First President
I cannot tell the truth!
The 45th President
feggo

GEORGE WASHINGTON Retorna a la Ciudad de Nueva York

Prólogo

El pintor patriota Charles Wilson Peale, inmortalizó a George Washington como General del Ejército Continental, Gilbert Stewart lo retrató como presidente y estadista -el billete de un dólar muestra una de sus imágenes- y más tarde, Horatio Greenough lo esculpió como un dios del Olimpo.

Ahora, Feggo nos muestra a Washington como un visitante de Nueva York que intenta entender esta metrópolis en el siglo XXI.

Familiarizado con la ciudad, especialmente con el Alto Manhattan donde acampó en el otoño de 1776 en la cima del monte Morris en la Mansión Morris-Jumel, Washington regresó catorce años después, el 10 de julio de 1790, para ofrecerle a parte de su gabinete una cena de verano y revisitar uno de sus sitios favoritos durante la Guerra de Independencia, poco antes de que la sede del gobierno de Estados Unidos se mudara temporalmente a Filadelfia, mientras la capital permanente estaba en construcción cerca del río Potomac.

Washington regresa ahora a Manhattan, a través de la pluma de Feggo, a vivir en carne propia la transformación de esta primera capital.

Siguiendo con la tradición de los caricaturistas de la revista *The New Yorker* Peter Arno y Charles Addams, Feggo encuentra humor en la vida de los sofisticados habitantes dentro y fuera de la ciudad, abordando temas que se mantienen vigentes a través de las décadas.

A través de un impresionante cuerpo de trabajo, gran parte del cual se enfoca en crear experiencias inusitadas con personajes aparentemente normales, navegando tranquilamente por calles, parques y lugares exóticos, Feggo crea situaciones fantásticas, como una escalera de incendios que asciende hacia el cielo, un cubículo de oficina convertido en una esfera de nieve, un sándwich que ingresa a la clínica Mayo, o un dios tolteca que toma un descanso del Museo Metropolitano para asolearse en el Parque Central. Estos escenarios abren la puerta a un bizarro universo, en el que surgen circunstancias insólitas en un despreocupado mundo urbano.

En esta serie de obras, Feggo continúa abriendo ese portal y reintroduce a George Washington a la isla de Manhattan. El General pasea por las calles, encontrándose con situaciones que parecen familiares, pero que no lo son. Por ejemplo, cuando Washington requiere servicios dentales, muestra preocupación por haber incursionado de nuevo en territorio de la corona británica, o curiosidad sobre las batallas en el Teatro Apollo o los juegos en el estadio de los Yankees. También se muestra interesado en los peinados de moda y desconcertado por las actividades proselitistas.

A lo largo de su trabajo, Feggo utiliza múltiples referencias de la historia del arte, *Washington Cruzando el Río Hudson* evoca la pintura *Washington Cruzando el Delaware* de Emanuel Leutze o *La Fábula de Parson Weems* de Grant Wood, que sirve como punto de partida para comparar la historia de la juventud de Washington con la del 45avo Presidente.

Feggo también nos muestra el lado humano de Washington al ubicarlo conversando con un veterano de guerra y con la Dama Libertad, o reflexionando sobre los estadounidenses fallecidos en Nueva York víctimas de un ataque terrorista planeado desde el extranjero.

A través del trabajo imaginativo y ocurrente de Feggo, Washington explora el país que ayudó a forjar, ocasionalmente ofreciendo opiniones pero, más que nada, sorprendiéndose con la sociedad contemporánea. Las obras representan en gran medida a un padre orgulloso que explora el desarrollo y evolución de pensamiento de la gran variedad de personas que celebran y preservan el país que fundó.

James W. Tottis

James W. Tottis es curador y asesor de museos. Ha facilitado importantes adquisiciones en el campo del arte americano, ha organizado exposiciones nacionales e internacionales y ha publicado artículos sobre el arte y la arquitectura estadounidenses.

Introducción

Soy un artista inmigrante y ciudadano estadounidense, que lleva más de treinta años residiendo en diferentes áreas de Manhattan. En 2008, mi esposa y yo regresamos a vivir a Washington Heights, en donde habíamos residido inicialmente en 1983, antes de mudarnos al bohemio barrio del East Village en el sur de la isla. Washington Heights es una comunidad muy vibrante con una población diversa que incluye inmigrantes provenientes de gran variedad de lugares, incluyendo República Dominicana, Puerto Rico, Cuba, Europa del Este y, recientemente, de México, mi tierra natal.

Cuando comencé a explorar mis nuevos entornos, me fascinó la riqueza histórica del área, especialmente en lo relacionado con la Guerra de Independencia. Batallas importantes, como la de Harlem Heights, tuvieron lugar aquí, y durante unos meses en el otoño de 1776, George Washington comandó las tropas de la naciente nación contra las fuerzas británicas y hessianas desde su base en la Mansión Morris-Jumel (la casa más antigua de Manhattan). El edificio donde vivo muestra una placa que conmemora a los 3000 hombres que constituían una línea de defensa de Washington.

En 2012 participé en la exposición *Memorias: Pasado y Presente* en el museo Mansión Morris-Jumel, presentando una obra inspirada en la Primavera Árabe, cuando las redes sociales instigaron tal movimiento político. La instalación consistió de una figura tamaño natural de George Washington integrada en la habitación que él ocupó en 1776, donde lo presenté frente a una computadora portátil, siguiendo la Guerra de la Independencia en Facebook.

A partir de entonces, comencé a realizar una serie de obras humorísticas sobre una visita imaginaria del primer presidente, y padre fundador de Estados Unidos, al Washington Heights de hoy, regresando al área desde donde comandó al Ejército Continental y que ahora lleva su nombre. En esta serie, presento a George Washington interactuando con los lugareños, visitando diferentes áreas del barrio, aprendiendo las nuevas costumbres y disfrutando plenamente de la fabulosa mezcla de culturas.

Más adelante decidí expandir el proyecto para incluir otras zonas de Manhattan. El resultado es una serie de escenas fantásticas y surrealistas que fusionan el pasado y el presente de manera inesperada y divertida.

La invitación del museo Morris-Jumel Mansion en la ciudad de Nueva York a exhibir este proyecto constituye una oportunidad para compartir mi trabajo con la comunidad y, con este libro, con el público en general.

Felipe Galindo Feggo
Washington Heights, NYC
Primavera 2019

George Washington Cruzando el Hudson evoca la famosa pintura en la que se le ve cruzando el río Delaware. Esta vez, Washington regresa a Nueva York en estilo. ¿Se enorgullecería de que el puente (entre Nueva Jersey y Nueva York) que lleva su nombre, y por el que cruzaron más de ciento tres millones de vehículos en 2016 sea el más transitado del mundo?

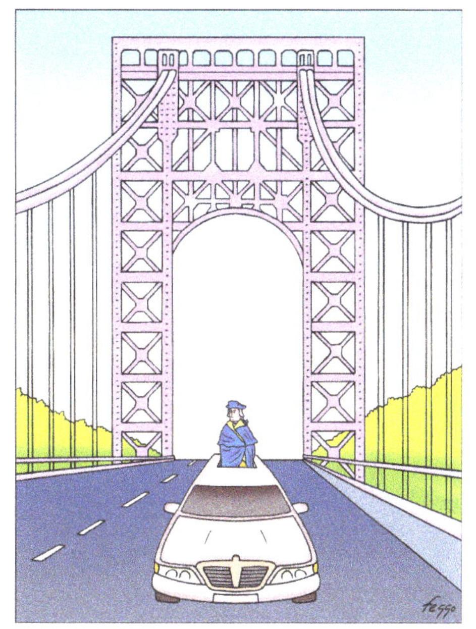

La Peluquería muestra a George Washington viendo con curiosidad los cortes de moda en un establecimiento local. Usar peluca blanca estaba en boga en la época de Washington, especialmente en la Corte Real Británica. El no usaba peluca, pero a veces se blanqueaba el cabello con polvo.

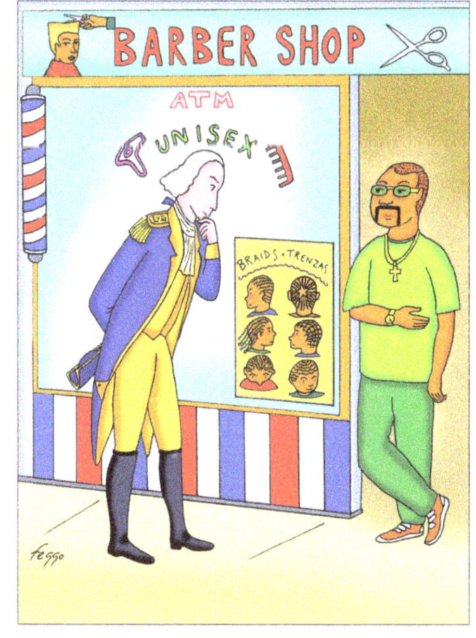

Atajo. George Washington tenía un carruaje con caballos adornados. Cuando tomó el mando del Ejército Continental, accedió a renunciar a un salario y pidió al nuevo gobierno que sólo pagara sus gastos, incluyendo una carroza. Un sueldo de $500 al mes le habría redituado $48,000 en los ocho años que sirvió en la guerra de independencia (él pensaba que duraría unas cuantas semanas). Al final de la guerra, sus gastos alcanzaron $447,220 (equivalentes a 9 millones en dólares actuales). Cuando asumió la presidencia, ofreció el mismo arreglo, pero el Congreso prefirió pagarle un salario anual de $25,000 (600,000 en dólares actuales). Actualmente el salario oficial del presidente es de $400,000.

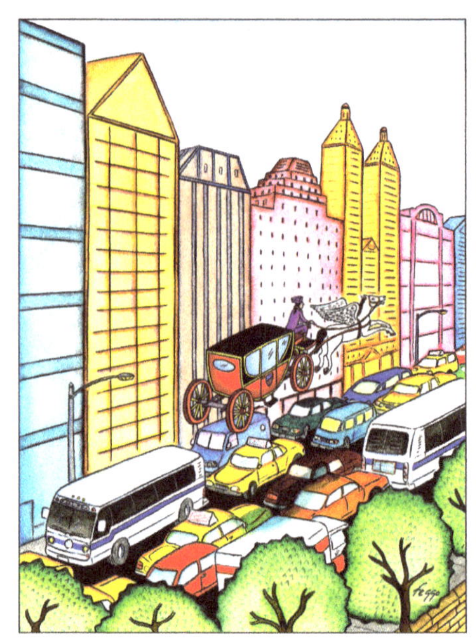

Invitado Especial en el Desfile del Día de Acción de Gracias. El famoso desfile en la ciudad de Nueva York tuvo lugar por primera vez en la Navidad de 1924 para celebrar la expansión de la tienda Macy's en Manhattan, que abarcaría toda una cuadra. Los participantes eran empleados de la tienda, vestidos como payasos, vaqueros y con otros disfraces, desfilando junto a animales del zoológico del Parque Central. La tradición de presentar globos gigantes en formas de personajes se inició en 1927 con el Gato Félix. Durante una época, los globos eran soltados al aire al final del desfile, y las personas que los encontraban podían obtener un premio de la tienda.

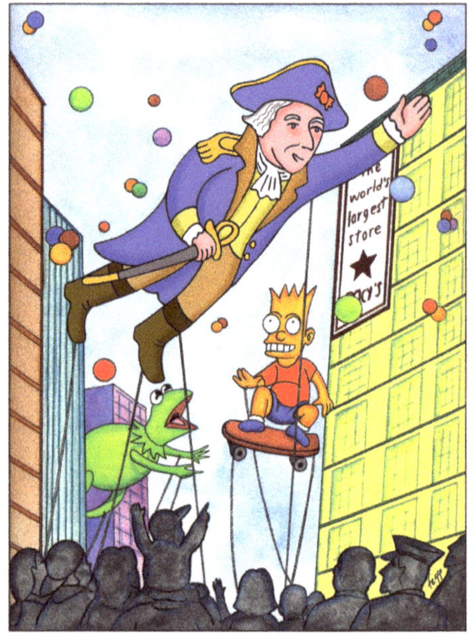

Sueño de una Noche de Verano en Central Park. Presento a George Washington en un entorno surrealista con una figura mitológica, un centauro griego. No es la primera vez que se le representa en un escenario mitológico clásico. El artista griego-italiano Constantino Brumidi pintó *La Apoteosis de Washington* en 1865, un fresco en la rotonda del edificio del Capitolio de Estados Unidos, donde Washington se ve sentado entre las nubes, convirtiéndose en un dios, rodeado de las diosas Victoria y Libertad, más 13 doncellas representando a las colonias originales y otros dioses.

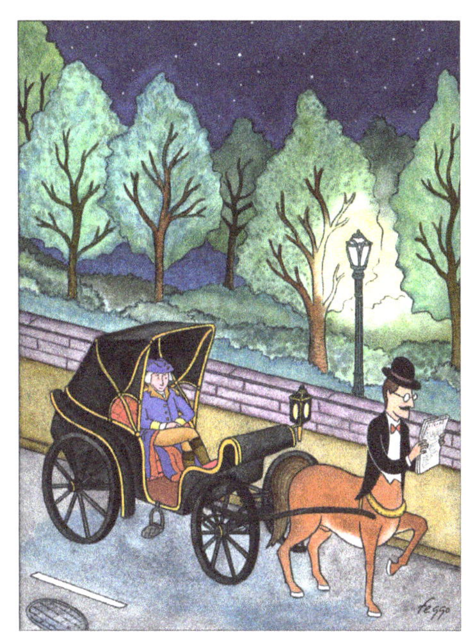

Mi escena imaginaria lo ubica en el Parque Central (que aún no existía en la época de Washington.) Se inauguró en 1858 como el primer parque paisajístico en Estados Unidos y comprende 324 hectáreas, entre las calles 59 y 110 en el centro de Manhattan. Las carrozas con caballos son una atracción turística en el sur del parque. Existen registrados unos 200 caballos, 350 conductores y hay 698 licencias para carruajes. La vida laboral de uno de estos caballos es de 4 años (9 horas diarias, en todo tipo de clima), en contraste con los 14 o 15 de un caballo de la policía de Nueva York.

Un Diálogo con La Libertad. El nombre original de la estatua es "La Libertad Iluminando al Mundo", representa a *Libertas*, una diosa romana, y era un símbolo de esperanza para los inmigrantes que arribaban en barco.

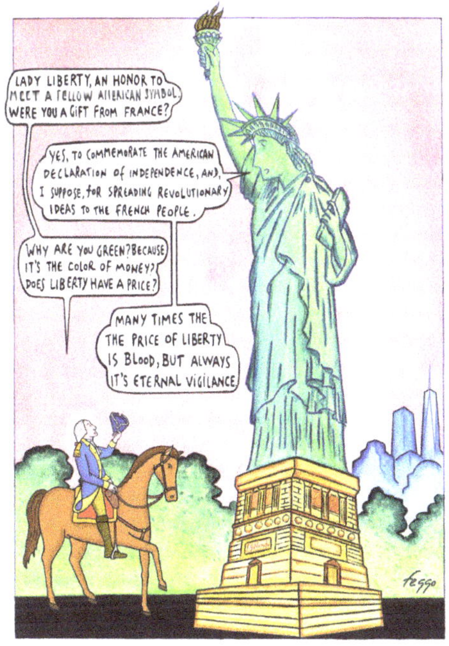

La escultura de cobre, un regalo de Francia al pueblo de Estados Unidos, fue diseñada por el artista francés Frédéric August Bartholdi, y tiene una estructura de metal de Gustave Eiffel. Fue inaugurada el 28 de octubre de 1886 por el presidente Grover Cleveland, y recibe más de 3.2 millones de visitantes anualmente.

Reflexión sobre El 11 De Septiembre. En esta obra presento a George Washington en una pose similar a varias pinturas que lo retratan en Valley Forge, Pensilvania, a donde llevó al Ejército Continental a acampar en diciembre de 1777, después de perder varias batallas contra las fuerzas británicas. La moral y los suministros estaban menguados y tuvieron que superar muchos obstáculos para recuperar su posición de fuerza. Aunque no existe evidencia de que tal momento de oración haya tenido lugar, la imagen representa perseverancia inquebrantable ante el terrible sufrimiento, algo que también experimentamos los neoyorquinos después de los aterradores ataques terroristas del 11 de septiembre de 2001.

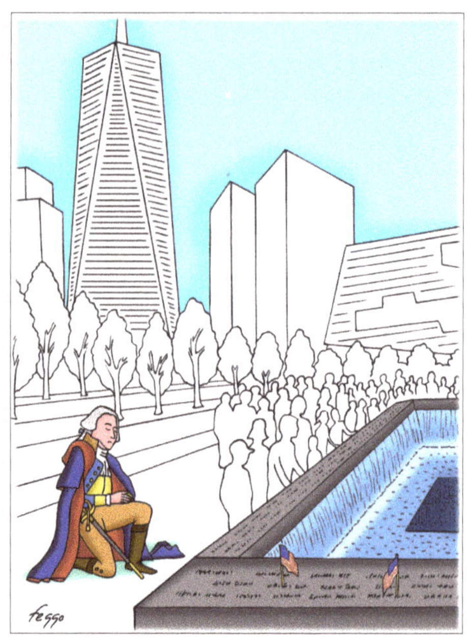

George Toma el Tren A es una alusión a la melodía que el jazzista Duke Ellington — que vivía en las cercanías de Washington Heights- interpretaba. Washington viaja en el metro para visitar Fort George, ahora conocido como el parque Fort Tryon, una zona diversa en el alto Manhattan que es hogar de muchos artistas, una comunidad jasídica y del famoso museo Los Claustros (The Cloisters) construido con fragmentos de varios monasterios medievales, que fueron trasladados, ladrillo por ladrillo, desde Francia para de ser donados a Nueva York, por John D. Rockefeller Jr. en la década de 1930.

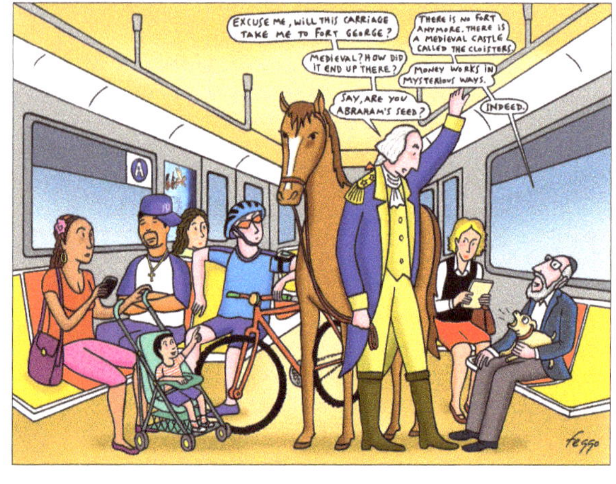

Después de visitar la Sinagoga Touro en Newport, Rhode Island, la más antigua de los Estados Unidos, Washington escribió: "Que los hijos de Abraham que viven en esta tierra, continúen ameritando y disfrutando de la buena voluntad de los otros habitantes".

¿Necesito Esta Corona? Un reciente artículo en la revista *American History* mencionó que a nuestro primer presidente sólo le quedaba un diente natural cuando asumió el cargo, a sus 57 años. Se dice que Washington usaba una dentadura de madera, pero aparentemente esto es un mito. Los restos que se encontraron de sus dentaduras incluyen materiales como oro, marfil y dientes humanos y de animales. Él utilizaba dentaduras parciales, comunes en esos días. Los libros de contabilidad de Washington muestran que, entre 1772 y 1792, los gastos médicos de él, su familia y alrededor de 200 de sus esclavos ascendían a $100 por año. En comparación, sus gastos dentales fueron de $1,000 por año.

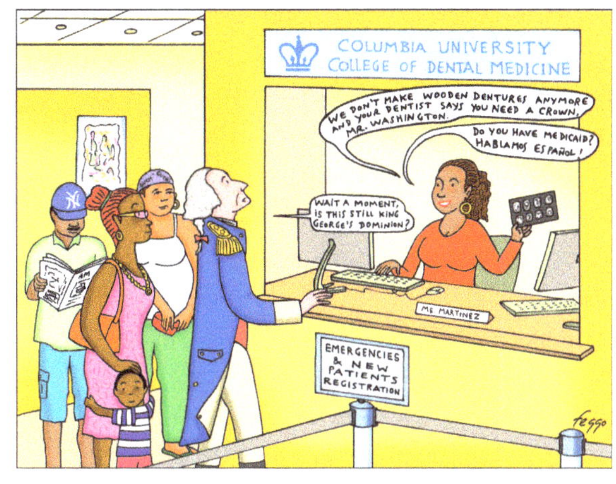

El Colegio de Medicina Dental de la Universidad de Columbia, ubicada en el Alto Manhattan, brinda servicios dentales a la comunidad y es muy popular. Cuando se fundó en 1754 era conocida como la Universidad del Rey, y aún utiliza la corona del Rey George II de Inglaterra como su logotipo.

Comida Local. Antes de que se popularizaran en toda Nueva York, los camiones de comida eran típicos del Alto Manhattan, particularmente los de comida caribeña. Chimi, uno de los platillos favoritos, es la versión dominicana de la hamburguesa Sloppy Joe. En esta imagen, cuando el vendedor se anuncia como El Rey del Chimi, Washington se topa con otro monarca.

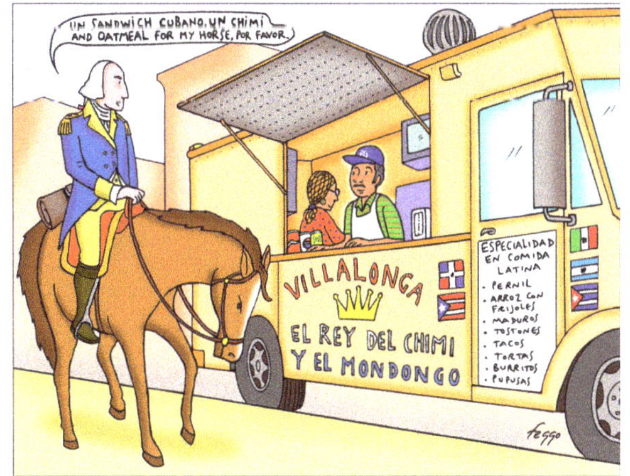

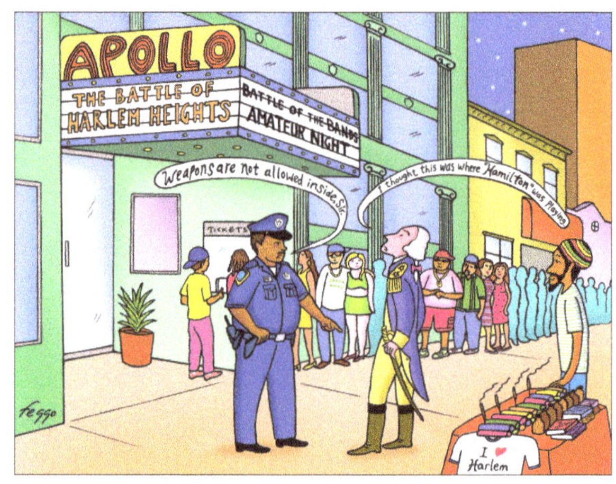

En La Batalla de Harlem Heights, George visita el famoso Teatro Apollo, donde se presentan las llamadas *Batallas Musicales* entre músicos locales. La batalla original de Harlem Heights del 16 de septiembre de 1776, fue la primera gran victoria de Washington en la Guerra de Independencia.

El Teatro Apollo se construyó en 1913 y se inauguró como el nuevo Teatro Burlesque de Hurtig y Seamon, un teatro para público y artistas blancos. Cambió su nombre en 1928, a 125th Apollo Theater, y fue hasta 1934 cuando comenzó a presentar a artistas afroamericanos y por muchos años fue el único teatro de Nueva York que los contrataba. En su famosa "Noche Amateur" hicieron su debut Ella Fitzgerald, Billie Holiday, Sara Vaughn y Mariah Carey.

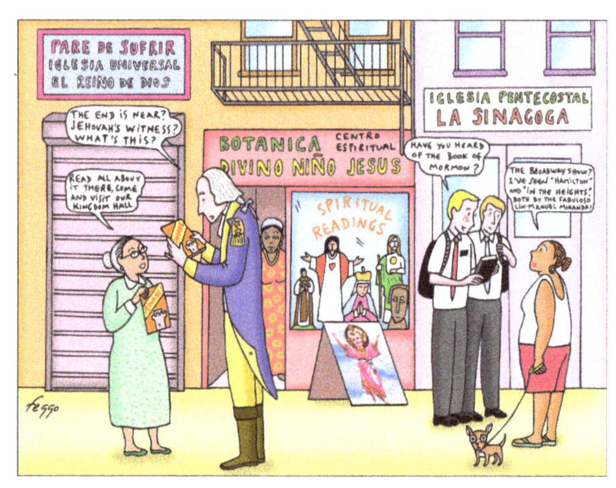

Libertad de Proselitismo. Las iglesias evangélicas son comunes en el alto Manhattan, desde Harlem hasta Inwood, donde compiten con otras instituciones religiosas, como la católica, luterana, presbiteriana y anglicana, que todavía están activas pero cuyas congregaciones están disminuyendo. En algunas cuadras, se encuentran hasta cuatro iglesias o templos. Los misioneros mormones transitan por las calles, a la par de sus reclutadores rivales, los Testigos de Jehová.

Los Fundadores de Estados Unidos practicaban varias creencias cristianas e incluso algunos estuvieron en desacuerdo con lo que después se estipuló en la Constitución, que no exista una religión oficial de la nación, a diferencia de Europa, en donde muchos gobiernos impusieron a sus pueblos una religión específica. Uno de los motivos por los que los colonos emigraron a esta parte del continente fue la libertad de religión.

Batallas de las Grandes Ligas. La Mansión Morris-Jumel fue la sede temporal de Washington, entre septiembre y octubre de 1776, durante la Guerra de Independencia. La mansión se encuentra en una zona significativa para el Béisbol de las Grandes Ligas. El parque Hilltop, donde ahora está el hospital Columbia-Presbyterian, fue la sede de los Highlanders, predecesores de los Yankees. Entre la Mansión y el río Harlem estaba el estadio de béisbol Polo Grounds de los antiguos Gigantes de Nueva York, antes de que se mudaran a San Francisco. El nuevo Yankee Stadium se ve desde la mansión, al otro lado del río.

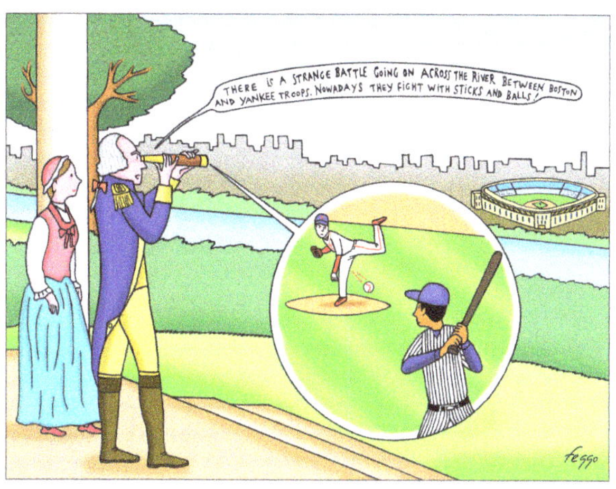

Multa a un Noble Caballo. George Washington tuvo varios caballos durante la Guerra de Independencia. Los más importantes fueron Nelson, su favorito (fue un obsequio del General Thomas Nelson Jr. después de perder un caballo en los primeros años de la guerra), y *Blueskin* o *Blewskin*, que desafortunadamente no resistía bien el estrés de las batallas. Washington cabalgaba frecuentemente y en aquella época la equitación, como el baile, era una norma de etiqueta y una forma importante de demostrar una buena posición social.

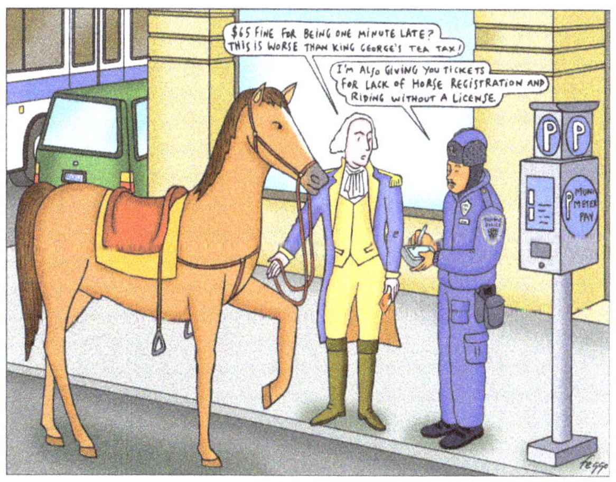

Veteranos. Antes de la Guerra de Independencia, Washington era un oficial militar experimentado que se había forjado en las guerras contra Francia y contra los Indios Americanos. A sus 43 años, fue nombrado Comandante en Jefe, y transformó a una milicia inicialmente mal vestida y mal entrenada en el Ejército Continental que derrotó al poder militar más importante del mundo en esa época, el ejército inglés.

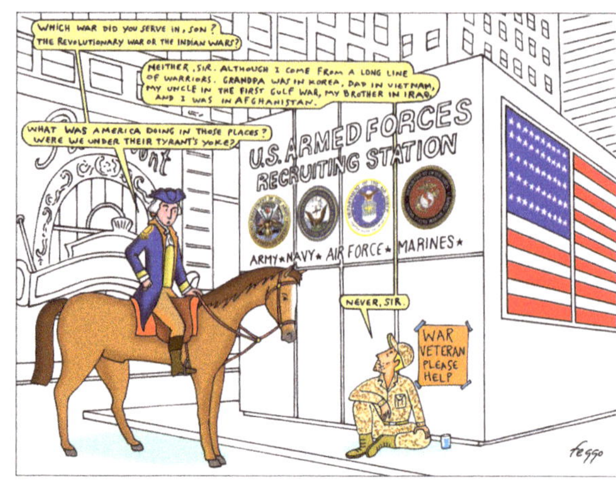

Cena Histórica del Gabinete. En julio de 1790, George Washington regresó al lugar que fue su cuartel general durante la Guerra Revolucionaria en 1776, la Mansión Morris Jumel, para celebrar la primera cena con su gabinete, y donde estuvieron presentes el vicepresidente John Adams, el secretario de Estado Thomas Jefferson, el secretario del Tesoro Alexander Hamilton, y el secretario de Guerra Henry Knox, junto con sus esposas, los secretarios de Washington, y algunos miembros de su familia. La cena fue preparada por Martha Washington y el cocinero, el señor Mariner. El aniversario de este evento histórico se conmemora con una cena en la Mansión, la casa más antigua de Manhattan, que es ahora un museo.

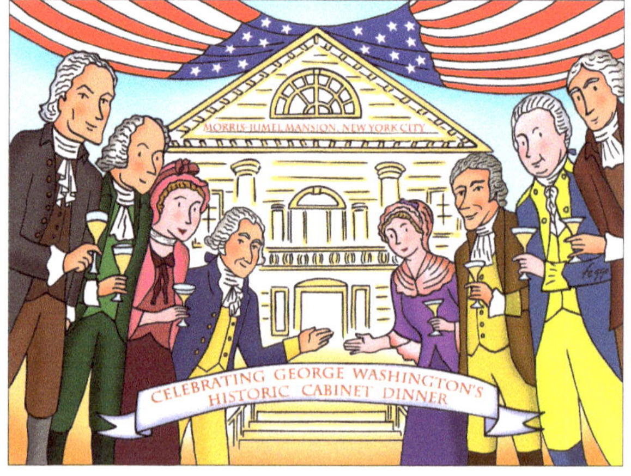

El Nuevo Becerro de Oro. La escultura *Toro Embistiendo*, un símbolo icónico de Wall Street, fue creada por el artista Arturo di Modica en 1989, como una alegoría al "optimismo del mercado" después de la crisis financiera de 1987, y fue instalada sin permiso frente a un árbol de Navidad cerca de la Bolsa de Valores de Nueva York. El artista afirmó que era un regalo para la ciudad (fabricada con tres y media toneladas de bronce, a un costo de $360,000). La escultura fue confiscada brevemente, para después ser instalada de manera permanente en Bowling Green donde es una popular atracción turística.

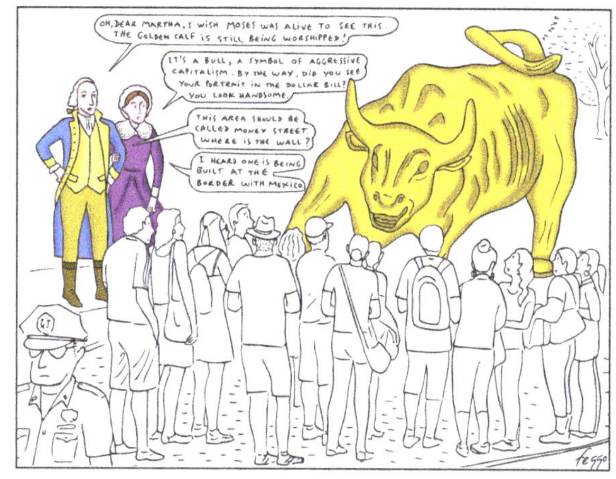

Peajes Costosos. El costo de los peajes en los puentes para ingresar a Manhattan se encuentran entre los más caros de Estados Unidos. Los terceros peajes más caros se recaudan en seis puentes y túneles de Nueva York y Nueva Jersey, entre ellos, el puente George Washington.

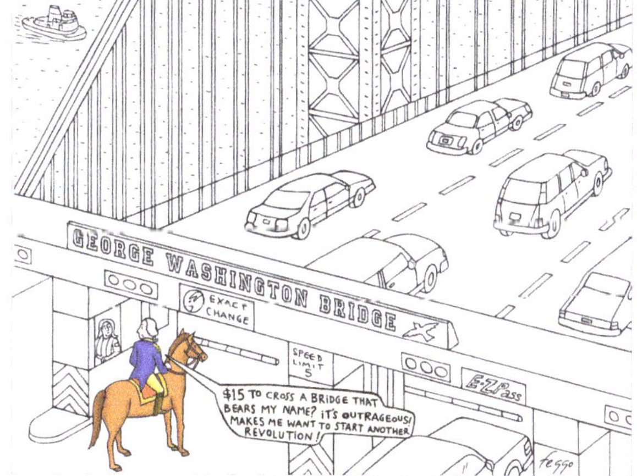

Las Compras. Los tubérculos comestibles como yuca, ñame, taro, batata, yautía, mapuey y los plátanos (verdes y maduros) se utilizan en platillos Caribeños en algunos barrios de la ciudad de Nueva York. “Las raíces de los hábitos gastronómicos están profundamente arraigadas a un patrimonio compartido con nuestros ancestros”, explican las hermanas Rousseau en su libro *Provisiones* donde exploran la cocina caribeña y la invaluable contribución de las mujeres africanas que crearon los alimentos de supervivencia que disfrutamos ahora, en platillos contemporáneos.

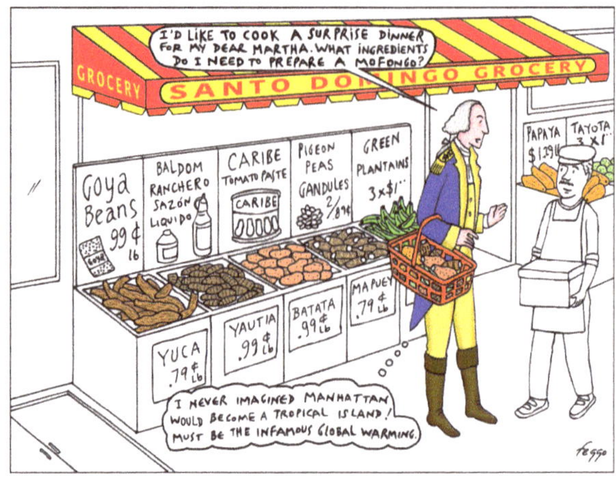

No Sé Mentir. Según el periódico *The Washington Post*, solamente hasta el 17 de marzo de 2019, el presidente Trump había emitido 9179 declaraciones falsas o engañosas. Sólo el 2 de marzo lo hizo más de un centenar de veces. La inauguración de su presidencia marcó el inicio de una nueva era de engaños inusitada desde la época de Nixon. La revista The Atlantic sugiere que mentir es una táctica esencial para sostener una farsa. La honestidad no es una opción viable para Trump y sus seguidores, la verdad los cegaría.

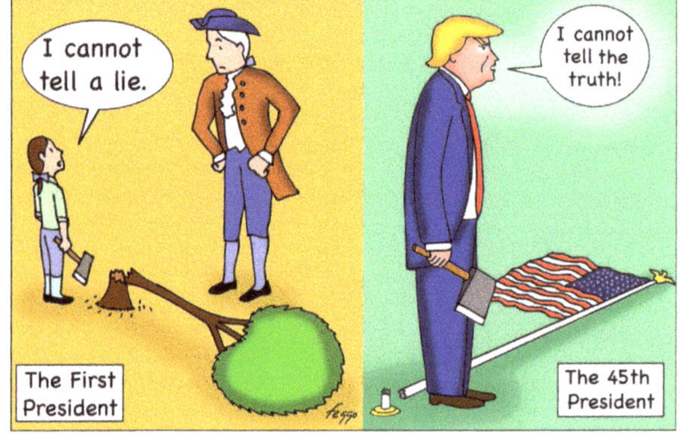

En contraste, existe una leyenda en la que el Primer Presidente cuando era niño, cortó un árbol de cerezo de su padre y, al ser cuestionado, le respondió: “Papá, no puedo mentir”. Esa anécdota se convirtió en un modelo a seguir para los ciudadanos de la nueva nación, aludiendo a la honestidad como reflejo de la integridad de una persona.

Preparatory Sketches
Dibujos Preliminares

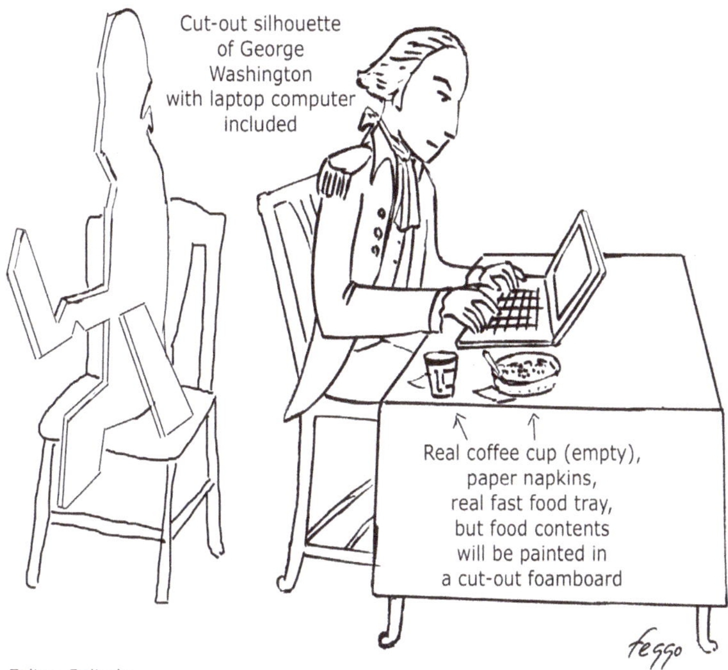

Felipe Galindo
"George Washington's Facebook"
Ink and watercolor on foamboard
and fast food containers.
40x40" approx.

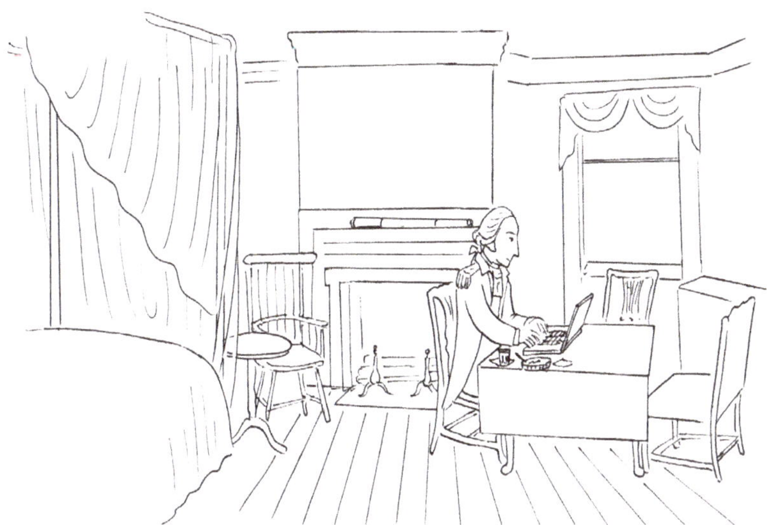

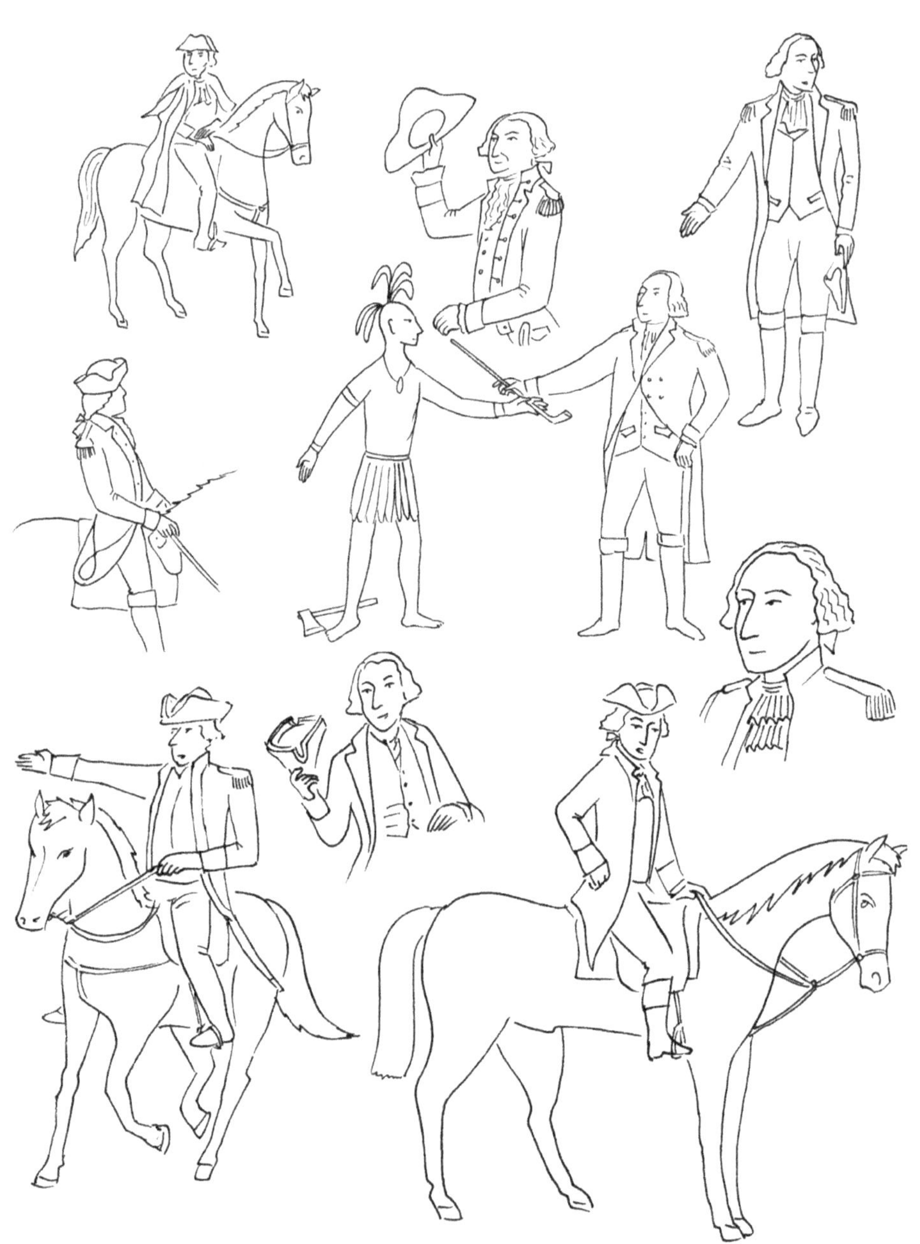

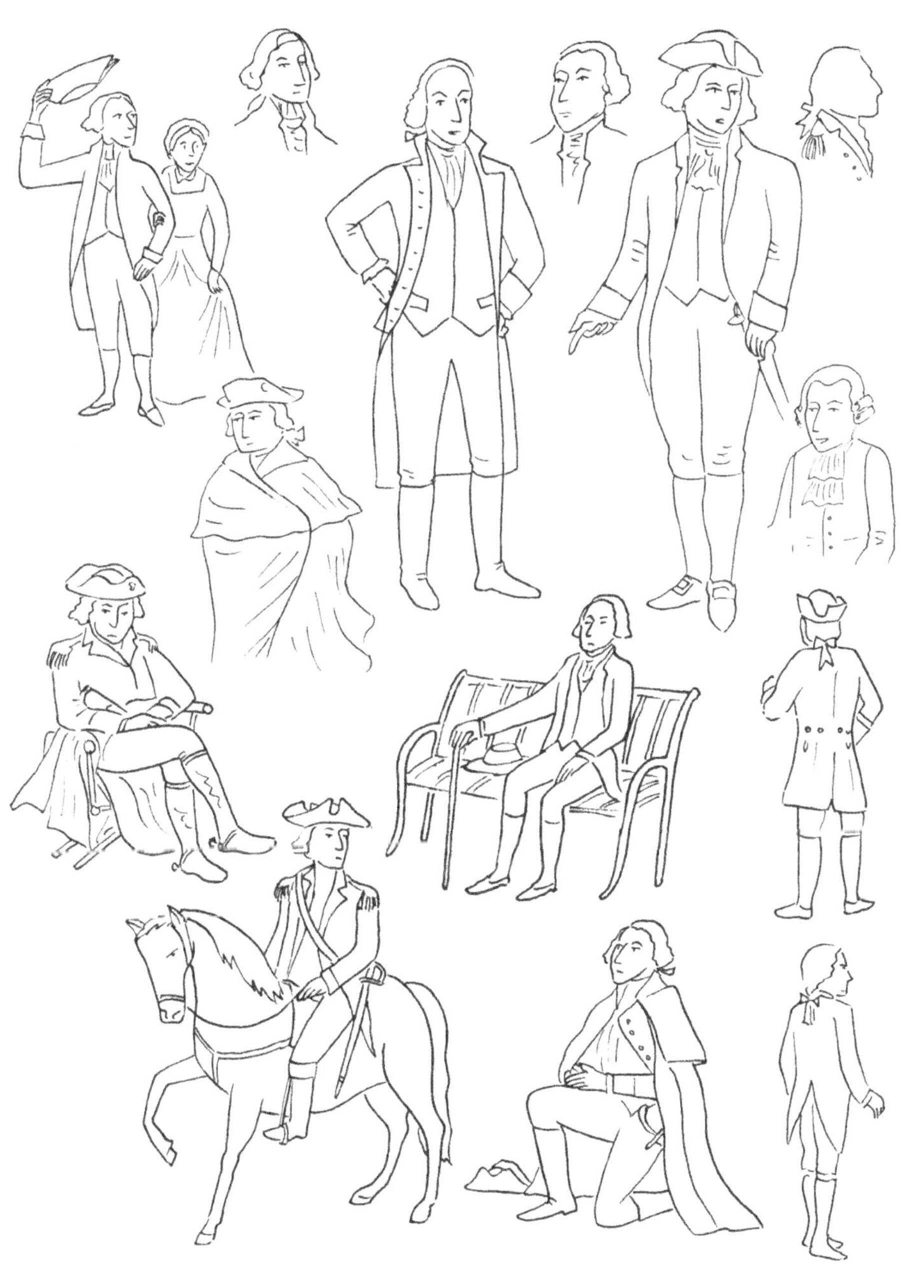

De la contraportada

Feggo es el seudónimo de Felipe Galindo Gómez, un artista visual galardonado que reside en la ciudad de Nueva York, y que crea arte humorístico en una variedad de medios, incluyendo "cartones", caricaturas, ilustraciones, animaciones, collages y arte público. Sus dibujos han aparecido en *The New Yorker*, *The New York Times*, *Reader´s Digest*, *The Wall Street Journal*, *Mad*, *Nickelodeon*, *Inxart.com*, *Narrative* y en muchas otras publicaciones internacionales. Feggo ha presentado numerosas exposiciones individuales y ha recibido premios de dibujo de humor en los Estados Unidos, México, Portugal, Turquía, Grecia, Bélgica, Italia, Croacia, Puerto Rico, Japón y las Naciones Unidas. Ha recibido fondos de apoyo del Consejo Cultural del Bajo Manhattan, la Fundación Puffin, la Alianza de las Artes del Norte de Manhattan, la Asociación Nacional de Arte y Cultura Latina y la Fundación Rockefeller. Sus libros incluyen *Manhatitlan: Culturas Mexicana y Americana Entrelazadas*, parte de un proyecto que incluye trabajos en papel, exposiciones y animaciones; y de caricaturas en *"Los Gatos Serán Gatos"* y *"Ningún Hombre es una Isla Desierta"*. Su proyecto de arte público en vitral *"Realismo Mágico en Kingsbridge"* se instaló de manera permanente en cuatro plataformas de la estación 231 de la línea 1 del metro de la ciudad de Nueva York.

Las caricaturas de Felipe Galindo ubican al padre de nuestra nación en el paisaje contemporáneo de Manhattan. Con líneas sencillas y animados dibujos en colores básicos y vibrantes, los paneles de Galindo son dulces y anacrónicos comentarios humorísticos sobre nuestro celebrado Padre de la Patria, que se enfrenta al multiculturalismo y cuestiona la historia de la hegemonía cultural.

Ver a Washington convertido en un forastero nos recuerda que la historia de Estados Unidos incluye un continuo flujo de gente proveniente de diferentes lugares, y que los encuentros culturales pueden ser divertidos.

Ruth Lilienstein-Gatton, *Manhattan Times*

Dedicated to Andrea Arroyo, my Revolutionary Muse.

Grateful acknowledgments are made to James W. Tottis for his kind invitation to exhibit my work at the Morris-Jumel Mansion and for this book's foreword.

Special Gracias to my friend Paul Bernstein, who introduced me to Washington Heights back in 1982, and to collectors, supporters and institutions who made this project possible: The New York Public Library Picture Collection, Shiloh Holley, Carol Ward, Noemi Ami Gazhala, Jim Kerr & Helen Miller, Nancy Lerner, Laura & Walt Gadja, Frank di Gregorie, Liz Lorris Ritter, Pauline Eveillard, Connie C. Dong & Ross Frommer, Ruth Lilienstein-Gatton, Sherry Mazzocchi, Marisa Céspedes, Maurizio Guerrero, Martin Kozlowski, Barbara Winard, The Northern Manhattan Arts Alliance, The Lower Manhattan Cultural Council and The Upper Manhattan Empowerment Zone Development Corporation.

Dedicado a Andrea Arroyo, mi Musa Revolucionaria.

Agradecimientos a las siguientes personas que hicieron posible este proyecto, en especial a James Tottis quien gentilmente me invitó a exhibir mi obra en la Mansión y por su Prólogo.

Gracias especiales a mi amigo Paul Bernstein quien me mostró por vez primera el barrio de Washington Heights en 1982 y gracias también a mis coleccionistas, a las gentes que me han apoyado y a las instituciones que hicieron posible este proyecto.

Other Books by Felipe Galindo Feggo
Available at www.feggo.com

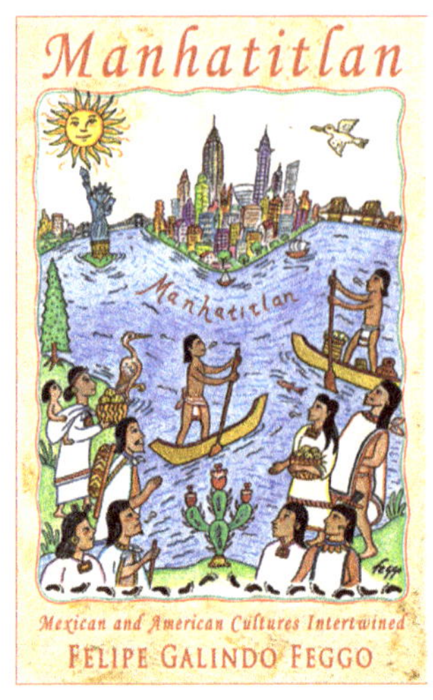

Manhatitlan:
Mexican and American Cultures Intertwined
(J. Pinto Books)

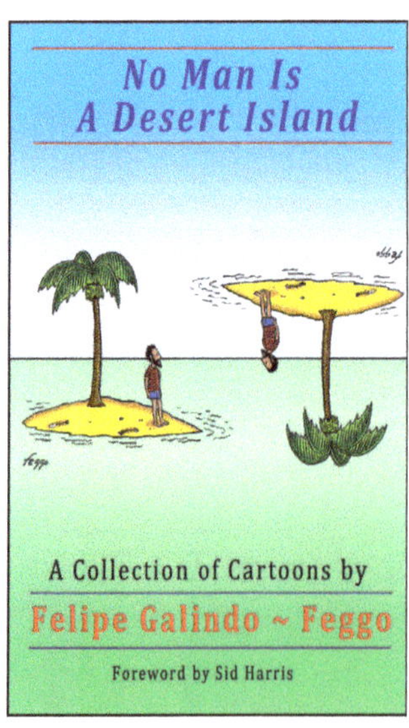

No Man Is a Desert Island
(J. Pinto Books)

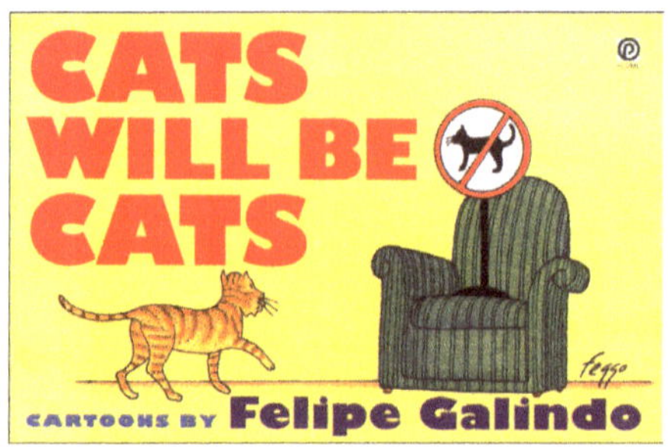

Cats Will Be Cats
(Plume/Penguin)

Other Now What Books
Find out more at www.nowwhatmedia.com

Gertrude et Alice

Trump Tweets Alt-American History

Talk to the Hair

Flick and Flak:
More Poison Capsule Reviews

The Golem's Voice

Further Adventures:
Now What Anthology No. 1

PK in the Terrarium

Downtown Drowned

The Da Vinci Cold

Go the Fk Back to Work!**

Fairly Grim Tales

Love the Sinner, Hate the Cinema

Gertrude's Follies

INX Battle Lines:
Three Decades of Political Illustration